超ソロ社会
「独身大国・日本」
の衝撃

# 超单身社会

[日]
荒川和久
著

郭超敏
译

浙江人民出版社

# 前 言

20年后，你在哪里？

20年后，日本会变成什么样？

写这本书的时候是2017年，20年后就是2037年。准确地说，我想讲的不是20年后的事，而是2035年的事。

根据日本国立社会保障与人口问题研究所的推算，到2035年，日本15岁以上的未婚率（此处的未婚率不是指终身未婚率，而是15岁以上所有人的未婚率），男性将达到35.1%，女性将达到24.6%，男性的有配偶率是55.7%，女性则为49.3%，女性的有配偶率首次跌破50%。而因生离死别导致的单身人数中，男性占9.2%，女性将达到26.1%。

这样一来，15岁以上人口的单身率（包括未婚、离婚、丧偶），男女加起来将达到48%（图0-1）。

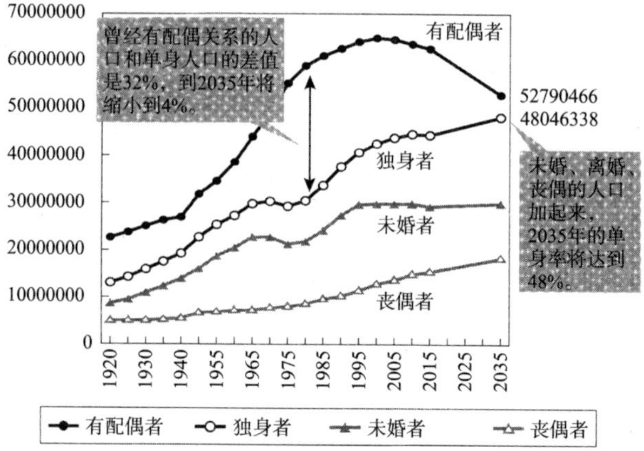


**图0-1　不同配偶关系情况的人口变化和未来估算**

来源：2010年前的数据源自2010年日本国情调查结果；2015年的数据源自日本《国情调查速报》；2020年后的数据源自日本国立社会保障与人口问题研究所的《日本未来人口估算》（2012年1月）

大约20年后，日本将变成一个有一半人是单身的单身大国。

日本的单身化社会趋势将不可避免，将真实地发生。

提到单身者，很多人认为，如果不到结婚成家的那一刻，他们都会像一个临时户一样。确实，日本在经济高速增长时期，全国上下几乎95%的人都结婚了，可以说进入了“全民皆婚”的社会，所以大部分人产生了“单身者是极少数的”这一意识，这也是无可厚非的。

但是，未婚化和非婚化程度的加剧、离婚率的攀升以及因丧偶造成的高龄单身者的增加等，这些因素都在促使着日本向单身社会迈进。全民都在关注老龄化和少子化问题，然而单身社会才是日本当前最严重的问题。日本将比世界上任何一个国家都提早面临单身大国的问题。

哪怕从家庭类型来看，现在日本最多的家庭也是“单身家庭”。曾经，由夫妇和孩子组成的家庭被视作是标准家庭，但在2010年，单身家庭冲出重围，在各类家庭中占比20%。到了2035年，单身家庭占比将达到近40%，“夫妇和孩子的家庭”占比将会减少到23%。此外，也应该多多关注“只有夫妇二人的家庭”的增加这一趋势。造成这一趋势的其中一个原因是，越来越多的夫妇选择不要孩子。还有一个原因是，孩子长大后，家里只有老龄夫妇的家庭增多，而且这些老龄夫妇不久后就会变成老龄单身家庭。

20年后的日本，单身人口将占社会总人口的50%，一个人生活的人数将占4成。在同一屋檐下，父母和孩子们一起生活的家庭，正逐渐成为风中之烛。

这并不只是日本的情况，其实是全球发达国家都存在的倾向，而且社会本身也在不断发生变化。

“根本没有社会这种东西，只有单个的男女和家庭。”

这是30多年前的1987年，被人称为“铁娘子”的英国前首相撒切尔夫人曾经说的一句话。可见，在30多年前，家庭依然是重要的共同体，但如今家庭这一组织单元已经濒临解体了。

社会的个体化与包括家庭在内的旧的共同体的解体，成为许多社会学家都在讨论的话题。

德国社会学家乌尔里希·贝克（Ulrich Beck）曾提出，人类正处于一个“风险社会”或“个体化社会”中。他曾分析道：“以前，家庭是资本主义社会新的栖息之地，但是随着个体化趋势的加深，家庭正在变成风险场所。”根据贝克的说法，家庭作为以前传统的集体的概念，已经变成了“僵尸范畴”[①]，对于现代人而言，家庭已经不是一个必然的共同体了，而是一种可供人选择的亲密关系。

还有一位与贝克齐名的社会学家叫齐格蒙特·鲍曼（Zygmunt Bauman），同样也提到了个体化问题。他说，在曾经的一个地区、公司或者家庭这种中间共同体中，个体像是固体一样被集合起来，处在一个稳定的固态社会；但是现在的个体就像液体一样，处在一个来回变换的液态社会中。安心、安全、安定的固态共同体消失了，人们能够自由活动了，与此同时，每个人也变得要经常作选择和判断，进入了必须对自我负责的时代。

无论是贝克还是鲍曼，他们都认为流动的个体化是不可避免的趋势。

鲍曼说，即便个体有选择的自由，但是没有人能逃避个体

① 指社会科学中陈旧的、不再适用的概念。——译者注（如无特别说明，以下均为译者注）

化趋势，也没有人能不参加个体化游戏。

发生变化的不仅仅是家庭，还有公司这种组织共同体。从前那种一辈子只在一家企业干到退休的工作方式已经发生改变。大家开始自由地换工作，也有很多人打算用跳槽的方式来实现晋升，现在很多企业也允许员工一边工作一边搞副业。这些措施都扩大了个人活动的场所和自由度。“游牧”的工作方式也是其中一种。如今，即便没有大的生产设备和大量资金也能够创业。Uber和爱彼迎等共享经济类的服务公司正在不断诞生。

从消费层面来看，社会也正在走向个体化。以前那种大众成群，通过共享才能发现事物价值的时代早已成为过去式。人们更加注重个人体验，这也可以叫作“个人集团”——从身边小的圈子中发现有价值的东西。而且现在的人们更加倾向于消费能丰富个人内心层面的东西。

这种整个世界的个体化趋势，在日本正不可逆转地发展着。但是，无论如何，在很多日本人的印象中，日本经济高速发展期或者昭和时期的古老传统家庭模式，以及婚姻这种旧时的组织方式依然扎根在他们心中。那些选择不婚的单身人士，或者说选择不生孩子的夫妇们，很多人都会因为自己不能建立以前的家庭模式而感到内疚。这种内疚感的产生也是由日本传统思想造成的。

个体化是不可逆转的趋势，同样，未婚化、非婚化的洪流也无法抑制，由未婚、非婚引起的少子化现象自然也就不断增多。结婚是所有人的人生必需品的那个时代已经过去了，这并不是未婚者或单身人士的问题，并非只要结婚就得生孩子、组建大家庭一起生活，并非所有人都得在这个轨道上走。而且，也不见得所有结了婚的人都能拥有一个圆满的大结局，生离、死别等情况都有可能让我们成为单身。

而且终身未婚的人也未必就孤独。比起生理上的一个人的状态，心理上被孤立才是更严重的问题。

这个时代已经变成了让每个人能自由作出判断和多种选择的时代。大家可以选择不结婚、不生孩子、离婚、不和一大家子一起生活等。这是每个人应该有的自由，同样也成了每个人要背负的责任。

日本在变成老龄化社会的同时，也在率先成为单身社会。首先，我们要正确认识这一不可避免的事实，然后再是持续关注这个问题。暧昧的知识、情绪化的议论没有任何用。

本书将客观地重新审视从过去到现在日本的未婚、非婚、离婚等状况。我们不分析迄今为止的固态的群体状态，而是更关注“个体”，个体的生活意识、消费意识以及价值观这种精神层面的东西，即进入单身社会，每个人应该具备的意识和能力是什么（在本书中我将其称为“独自生活的能力”）。这个问题我也问过自己。我在写作本书的过程中，感觉到这也就是“自由是什么”“自立是什么”“自己是什么”的问题。

不想引起读者误会的是，单身社会或单身生活并不是说每个人都随意地独自生活，并切断与他人的所有连接。这种社会是与原来的家庭、地区、公司等组织形态不一样的共同体，是关于家庭、地区、公司的新的共同体，是重新调整了结构，个体间相互自立的社会。

通过阅读本书，如果各位读者能够加深对未来单身社会的理解，那就是我的荣幸。无论是已婚人士还是未婚人士、年轻人还是中老年人、男人还是女人，如果你们能从此撕下自己身上的所有标签，与真实的自己相处，那将是我写作本书的最大荣幸。

# 目　录

“人口数量下降的趋势不可避免。当前日本的人口数量更是持续下滑。对此，日本国民应该持有怎样的态度呢？对未来持悲观态度的1.2亿人口的国家，和对未来保持乐观心态的6000万人口的国家，大家认为哪个更有希望呢？我认为，相比于抱着悲观心态的1.2亿人口的国家，保持乐观和自信的6000万人口的国家会更加强大。与其担心日本人口数量持续下降，不如早日摆脱这种焦虑，并且坚信即便人口减少，日本依然会诞生成功人士。我们要对日本的未来充满信心。这样一来，我们或许就能为日本找到全新的发展道路。以上是我的看法。”

这是日本国会议员小泉进次郎在2016年10月“朝日地球会议2016”上的发言。关于人口减少的话题，小泉进次郎也并非第一位敢于发言的政治家，但他的言论却能引起很多日本国民的共鸣。

确实，少子化引起的人口减少已经成为当前日本难以回避的问题。根据2013年日本国立社会保障与人口问题研究所发布的《日本未来人口估算》的数据，到2048年，日本人口总数将跌破1亿，减少至9913万人左右，到2060年将进一步减少到8674万人，仅为目前人口总数的2/3。如果按照当前的趋势发展下去，到2110年，日本人口总数将大幅减少至4286万人（图1-1）。

但是，这些数据毕竟是用现在的低出生率推算出来的，真实的人口情况应该不会如此糟糕。虽然媒体一直在报道人口减少这种负面消息，但是我们也应该看到二战后的高结婚率以及随之而来的第二次婴儿潮，这在当时也是一种特殊情况。当时的日本总务省也认为日本的人口总数将保持在7000万—8000万人。

不仅仅是人口减少问题，未婚化、非婚化、少子化、老龄化、离婚问题、贫困问题、财政问题等这些关键词，都是一谈到日本的未来时马上会联想到的消极词汇。当然，直面现状、分析即将来临的风险是很有必要的。但是，现在的日本社会总是一味地煽动不安和焦虑情绪，好像必须要找到为日本难以好转的现状和毫无希望的未来承担罪过的人。

然而，不结婚并不是年轻人的责任，少子化也不怪日本家庭。

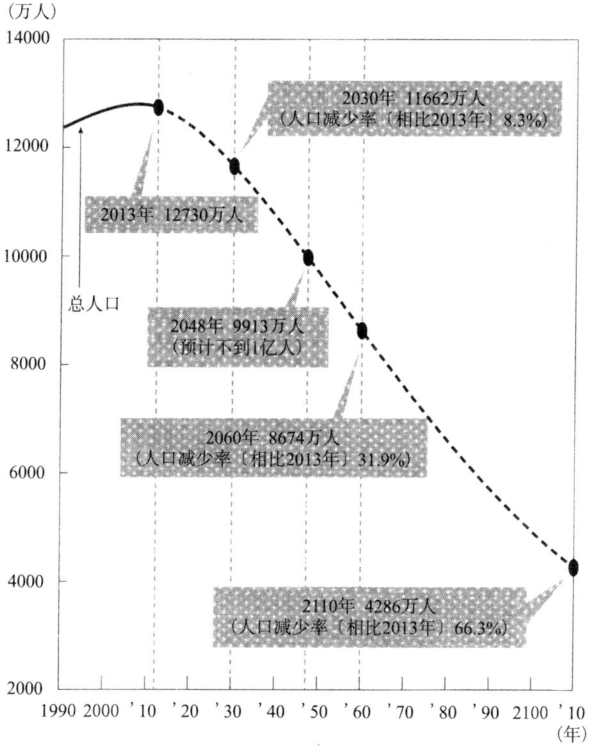


**图1-1 日本未来人口估算**

来源：日本内阁府2015年《选择的未来：从人口估算看到的未来》

备注：1. 图中1990—2013年的数据是根据日本总务省公布的《国情调查速报》《人口估算年报》和厚生劳动省公布的《人口动态统计》统计而成。

2. 日本国立社会保障与人口问题研究所的中位估算是根据该所公布的《日本未来人口估算》（2012年1月）得出。截至2014年，合计特殊出生率一直在1.39上下浮动，预计2024年将下降到1.33，之后将达到1.35的水平。

不结婚的人增多，有各种各样的原因。不生孩子的夫妇也有各自的理由和情况。然而，大部分人都是一边呼吁尊重每个人的生活方式，一边又不认可不结婚、不生孩子的行为。“他们确实是想结婚，也确实想要孩子，但就是生不出来，这是为什么呢?”很多人都试图给别人下结论。于是，这种主观臆断就会引起更进一步的推论，即把不结婚归咎为贫困问题和社会环境。这样一来，就会出现各种责怪的声音，例如，“不结婚是因为年轻人贫困”，“不生孩子是因为就业条件限制或者是保育园太少”等。当然，这肯定也是年轻人不结婚、不生孩子的部分原因。但是，如果片面地将不结婚和不生孩子的原因都归结为这些，我们就会看错问题的本质。

最终，我们将会偏离正轨，会更注重找出罪魁祸首、追究责任，而不是想着去解决这些问题。我们的社会将变成一个不找个人来怪罪就无法安心的社会。

人类社会是一个为了保障团体活动的安定而互帮互助的组织。那些破坏团体和谐的异端分子就要接受整个社会的严厉惩罚。

社会不允许个人随心所欲。不履行义务的人就要被群众指责；犯了错的人就要被教育责罚；跨出组织边界的人就要被制裁；即便是寻求帮助的弱者，只要他犯了错，社会依然会把他一脚踢开。这一切都是以社会正义的名义进行的。

结果，那些一辈子不结婚的人或是结了婚也不生孩子的夫妇就会因为自己没有履行所谓的社会责任而感到愧疚，然后无意识地给自己施加巨大的心理压力。

这种恶性循环解决不了任何问题。不管是谁的责任，人口依然会减少，年轻人依然会选择不结婚、不生孩子。对于我们而言，真正重要的是认识到现状，并基于现实情况为将来做好打算。但是，我们的眼光很有可能太过短浅，因为我们每个人都有可能成为单身。

结婚也好，生孩子也好，事实上这种状态不可能一直保持下去。因为很多人有可能离婚，也有可能经历生离死别。到2035年，日本15岁以上人口约有1亿，其中约有4805万将是单身者。因此，任何人都有可能一辈子独自生活。

不结婚、不生孩子的问题确实很严重，但是由这些问题引发的单身社会问题却很少有人重视。日本正在走向单身社会的泥潭。本章将针对日本的这一现状进行分析说明。

## 终身未婚率刷新历史最高纪录

2016年10月，日本政府公布的《国情调查速报》的数据显示，2015年日本男性的终身未婚率为23.4%，女性为14.1%（配偶关系不详的情况不在估算范围内）。相比于5年前的20.1%和10.6%，日本的男女终身未婚率均上升3%，达到历史最高值（图1–2）。

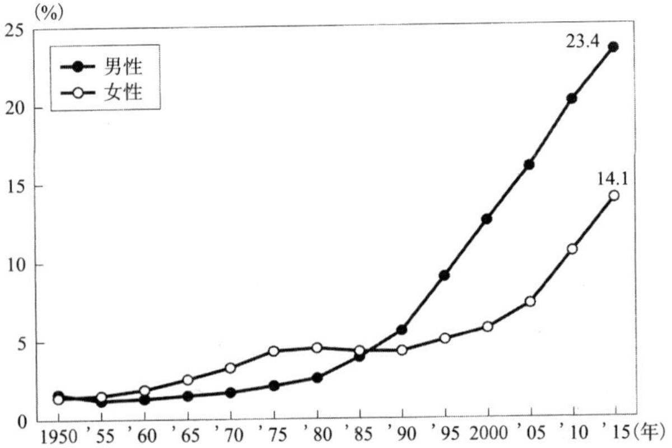


**图1-2　日本国民终身未婚率的变化**

来源：2015年日本《国情调查速报》

终身未婚率是根据"45—49岁"和"50—54岁"未婚率的平均值算出的"50岁时"没有结过婚的人的比例。

终身未婚率并非指一辈子都不结婚的人所占的比例。它是一种推算出来的比例，即50岁还未婚的人在将来也不大可能结婚的人的比例。

2013年1月，日本国立社会保障与人口问题研究所公布了一组推算数据：到2015年，日本男性的终身未婚率为24.3%，女性约为14.9%。我们可以看到，2016年10月的调查数据与2013年的推算数据相比确实下降了，但是仅凭这一点就判断日本国民的未婚率有所下降还为时过早。

根据表1-1可以看出，只有30—40岁这一年龄段男性的未婚率是下降的。尤其是35—39岁年龄段的男性未婚率比2010年的调查数据下降了0.6个百分点。但是，20多岁和40多岁年龄段的男性未婚率依然上升，特别是45岁以上年龄段，上升尤其明显。此外，20—40岁年龄段的女性，其未婚率的上涨幅度比男性要大。这是因为，在20岁左右时女性大都推崇晚婚，一旦过了40岁，也就不想结婚了。

**表1-1　不同年龄段未婚率对比**

| 年龄 | 男性未婚率（%） | | | 女性未婚率（%） | | |
|---|---|---|---|---|---|---|
| | 2010年 | 2015年 | 差额 | 2010年 | 2015年 | 差额 |
| 20—24岁 | 94.0 | 95.0 | 1.0 | 89.6 | 91.4 | 1.8 |
| 25—29岁 | 71.8 | 72.7 | 1.1 | 60.3 | 61.3 | 1.0 |
| 30—34岁 | 47.3 | 47.1 | -0.2 | 34.5 | 34.6 | 0.1 |
| 35—39岁 | 35.6 | 35.0 | -0.6 | 23.1 | 23.9 | 0.8 |
| 40—44岁 | 28.6 | 30.0 | 1.4 | 17.4 | 19.3 | 1.9 |
| 45—49岁 | 22.5 | 25.9 | 3.4 | 12.6 | 16.1 | 3.5 |
| 50—54岁 | 17.8 | 20.9 | 3.1 | 8.7 | 12.0 | 3.3 |
| 55—59岁 | 14.7 | 16.7 | 2.0 | 6.5 | 8.3 | 1.8 |
| 终身未婚率 | 20.1 | 23.4 | 3.3 | 10.6 | 14.1 | 3.5 |

来源：2015年日本《国情调查速报》

日本的男性和女性的平均初婚年龄都在30岁左右，也就是说，30岁出头正是结婚的好时期，但是一旦过了这个最佳时期，就陷入了拖拖拉拉的境地，开始走上终身未婚的道路。这就是日本国民婚姻的真实情况。近5年来，日本女性的这种倾向越来越严重。

根据推算，到2035年，日本将有30%的男性和20%的女性终身未婚。这意味着，日本男性平均每3人中就有1人、女性平均每5人中就有1人终身未婚，他们将孤独地过完自己的一生。

那么，为什么日本男性的终身未婚率比女性大约高了一倍呢？

众所周知，全世界范围内的男性人数本来就比女性多，但是我们并不知道到底多多少。2015年联合国公布的世界人口普查数据显示，全世界共有73亿人，其中男性占比50.4%，女性占比49.6%。男性比女性足足多了6000万人，多出的人数约占世界总人口的1%。日本的总人口是1亿2709万人，其中男性6184万人，女性6525万人（根据2015年日本国情调查数据），女性要更多一些。这并不是因为女性新生人口数多，而是因为女性更长寿。

让我们把范围再缩小到未婚者。

同样，看日本2015年的国情调查，从表1-2中我们可以看到，15岁以上的日本未婚男性比未婚女性多了近341万人。而且，即便只是看20—59岁的年龄段，男性依然比女性多近300万人。甚至是在结婚意愿最强烈的20—39岁的年龄段，男性还是比女性多近145万人。

按照这个数值，就算所有的未婚女性都结婚了，依然还会剩下300万的男性，他们依然面临着没有结婚对象的现实情况。而且，事实上女性不可能全部都结婚。这也就意味着，未

表1-2　未婚男女人口差额

| | 未婚男性人口 | 未婚女性人口 | 差额 |
|---|---|---|---|
| 15—19岁 | 3042192 | 2881593 | 160599 |
| 20—24岁 | 2755989 | 2572112 | 183877 |
| 25—29岁 | 2222616 | 1852959 | 369657 |
| 30—34岁 | 1648679 | 1211351 | 437328 |
| 35—39岁 | 1416172 | 959761 | 456411 |
| 40—44岁 | 1423716 | 913188 | 510528 |
| 45—49岁 | 1092022 | 683887 | 408135 |
| 50—54岁 | 806163 | 467837 | 338326 |
| 55—59岁 | 607248 | 312233 | 295015 |
| 60—64岁 | 552221 | 264934 | 287287 |
| 65—69岁 | 425752 | 259014 | 166738 |
| 70—74岁 | 185974 | 175233 | 10741 |
| 75—79岁 | 87546 | 132730 | -45184 |
| 80—84岁 | 39750 | 113000 | -73250 |
| 85—89岁 | 14063 | 78708 | -64645 |
| 90—94岁 | 2965 | 31169 | -28204 |
| 95—99岁 | 519 | 6933 | -6414 |
| 100岁以上 | 126 | 1176 | -1050 |
| 总数 | 16323713 | 12917818 | 3405895 |
| 20—59岁 | 11972605 | 8973328 | 2999277 |
| 20—39岁 | 8043456 | 6596183 | 1447273 |

来源：2015年日本《国情调查速报》

婚男性的人数会远远大于300万。

即便是努力寻找结婚对象，男性的结婚对象依然不足。然而，知道这个现状的人却很少。大多数人都以为男女比例是1:1，而且很多人还会把总人口的男女比例和未婚人口范围内的男女比例混淆。

## 未婚人数增加的原因

日本曾是一个“全民皆婚”的国家，那时候几乎所有人都选择结婚也是理所当然的事。当时日本男性和女性的终身未婚率均未超过5%。终身未婚率超过5%的年份，男性是在1990年，女性是在1995年。

那么，是什么导致日本走向未婚化社会呢?

这其中当然有各种各样的原因。我们首先要考虑的就是经济环境的变化，即20世纪90年代初期日本泡沫经济破裂。1995年兵库银行破产，日本国民曾坚信永远不会倒闭的银行也都由此开始相继倒闭。企业招收应届毕业生的人数也从1991年的顶峰值84万人开始逐渐减少。当时在第二次婴儿潮中出生的人们也正好处于就业期，这样一来，就业就变得相当困难，日本由此进入了“就业冰河期”，很多年轻人无法成为正式职员。随后，“自由职业者”“无业游民”等词语开始进入大众视野，年轻人的就业成了社会问题。

在日本经济高速增长时期，终身雇佣制和年功序列制作为日本特有的公司制度，被整个社会视为标准，根据年龄和任职年数决定升职加薪是理所应当的事情。在某种意义上，这种制度是与安定的未来相互绑定的。但是在日本泡沫经济破裂以后，许多企业开始从年功序列制向成果主义制转变。成果主义制的好处是，如果你的业绩提升，工资就会跟着上涨，同样，也就会有一些人就算干了好多年工资也不会上涨，甚至会降工资。对很多人来说，这是一个十分残酷的现实问题。

在终身雇佣制和年功序列制这样的制度下，每个人的人生道路都相对比较单一。大部分人都拥有持续且稳定的经济基础，因此，何时结婚、何时生子这些人生计划都是比较好规划的。终身未婚率的急速上升正是出现在这种持续性和稳定性消失的时候。从男性的角度看，选择不结婚是因为“看不到自己的未来，在经济不稳定的状态下是不能结婚的”，而女性则是考虑“不能与没有固定收入的对象结婚”。

除了经济环境的变化，导致日本走向未婚化社会的另一个原因就是日本女性就业情况的变化。1986年日本政府实施《男女雇佣机会均等法》，职场女性的数量开始增加，女性自身意识也开始转变。“男主外，女主内”这种按照性别来分工的意识在经济高速增长的“全民皆婚”时代是毫无违和感的。那个时代的大部分女性在结婚前做的都是临时性工作。日本的特有词汇

“寿退社”[①]就反映了这一现象。当时，日本的职业主妇家庭数量远远大于双职工家庭的数量。职业主妇家庭与核心家庭[②]共同构成了昭和时代的家庭形式。对于当时的女性而言，结婚就是自己的工作，也是获得经济基础的一种手段，是关系到自己生存问题的大事。

由此我们可以看出，在“全民皆婚”的时代，大部分男性都能结婚是因为对于当时的女性而言，并没有“不结婚”这个选项。

从图1–3可以看出，20世纪60年代以后，相亲结婚的比例跌破50%。事实上当时与相亲结婚一样占比较大的就是职场婚姻。坦白说，职场婚姻从某种意义上来讲也是一种相亲，只不过是在公司内进行的。或许男女双方原本打算恋爱结婚，但考虑到早点结婚无论是对公司还是对自己都比较好，就会选择早点结婚。很多职场夫妇都是在这种无形力量的引导下结婚的。

相亲结婚与职场婚姻加起来超过50%的状态一直持续到20世纪80年代（图1–3）。正因为如此，到了80年代，日本的终身未婚率依然没有上升。也就是说，无论是女性的结婚意识，还是公司的体制，都在推动着男性选择结婚，所以才会有“全民皆婚”的时代。对于现在60岁以上的已婚男性而言，他

①指女性因结婚而辞职的现象。“寿退社”的“寿”是可喜可贺之意，“退社”是从公司离职之意。

②也称为核家族，指由夫妇与未婚子女组成的小家庭。

们一直享受着当时那个时代的恩惠，只是他们自己没有发现。反过来看，这也能证明男性是否能通过自己的力量结婚。因为，如果周围人没给男性筹备好结婚的必要条件，男性就无法靠自己的能力结婚。

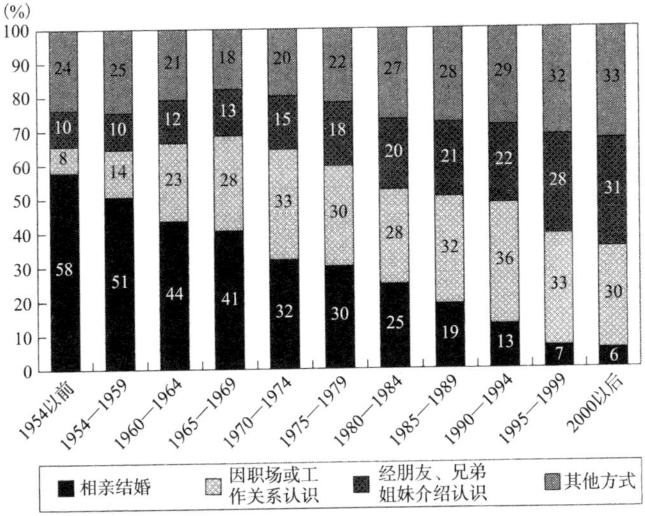


**图1-3　夫妻双方相识方式的变化**

来源：2005年日本劳动研究杂志《职场婚姻的盛衰与未婚化的发展》

前文中已经提到，从20世纪80年代后半期起，日本女性开始逐渐走出家门，步入职场，靠自己也能够取得一些收入。这样一来，结婚就不是她们获取经济收入的必要方式了。也就是说，女性们没有必要为了经济条件再勉强自己结婚。我认为这是日本走向未婚化社会的一个主要原因。

当然，也有对此持不同意见的人。他们认为“结婚和工作是两回事，虽然女性拥有自己的工作和稳定的收入，但并不意味着女性就不需要结婚了”。确实如此，但也并非仅仅如此，因为这二者密切相关。

那么，为什么女性在职场上的活跃会导致日本走向未婚化社会呢？我会在其他章节中详细说明这部分内容。

## 未婚者是“社会公害”吗？

对于未婚问题，电视、报纸、网络，近来几乎所有媒体都在报道未婚人口增加的新闻，好像终身未婚的人就是“社会公害”。

为什么未婚者要被如此看待呢？

因为大家都认为“少子化的罪魁祸首就是未婚者”。当然，未婚并不是造成少子化的唯一原因。但是根据明治大学人口学教授安藏伸治的推算，到2300年，日本人口将减少到360万人。

合计特殊出生率①达到2.07时才符合人口置换率②的标准，如果合计特殊出生率低于这一标准，就表明少子化正在加剧。

---

①人口计算中的一个指标，指一位女性一生所生子女数量的平均数。

②为使一个国家或某个区域在人口的出生与死亡上达到某种相对平衡而产生的合计特殊出生率，被称为人口置换率。

1973年日本的合计特殊出生率为2.14，自此迈入下跌的趋势。2005年，日本的合计特殊出生率达到历史最低值1.26，虽然在2015年回升至1.46，但依然远低于人口置换率的标准值。

安藏伸治教授提出，我们应该关注的不仅仅是合计特殊出生率的数值。在日本，非婚生子女性人口占总出生人口的2%。因此，我们完全可以把合计结婚出生率（平均每对夫妻在婚姻关系存续期间生育的孩子数量）看作实际出生率。

从图1–4可以看出，合计结婚出生率的下降并不是很明显。虽然在2005年暂时下降，但在2010年又恢复到1.92。也就是说，已婚夫妇平均会生育近2个孩子。因此，与其要求已经

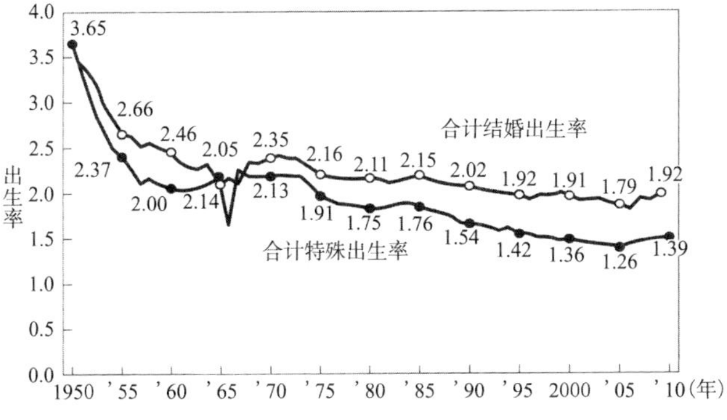


**图1–4　合计结婚出生率与合计特殊出生率的变化**

来源：日本国立社会保障与人口问题研究所2010年《第14次出生动向基本调查》

备注：合计结婚出生率的数值是3年移动平均值，涵盖从第7次调查（1977年）到第14次调查（2010年）的数据（最新数值是2009年的）。合计特殊出生率折线图是根据日本厚生劳动省《人口动态统计》绘制的。

生了2个孩子的女性再去生第3个孩子，还不如去催促未婚女性结婚，这样更容易达到提高出生率的效果。反过来说，终身未婚确实会加剧少子化。因此，很多人极端地认为“未婚者越多，国家就越危险”，也不是不能理解。

虽然可以理解，而且促进国民结婚确实会改善少子化现象，但并不是只要结婚了就能生孩子。认为结了婚就能有孩子的观点还是有些片面。

有些人虽然想要孩子，但却因为特殊原因而无法生育。2002年，日本厚生劳动省科学研究费补助金做了一项厚生劳动科学特别研究——《关于国民对于辅助生育技术的意识研究》。该研究报告称，日本的不孕不育患者有46.69万人。此外，根据2010年日本厚生劳动省进行的第14次出生动向基本调查（关于结婚与生育的全国调查），在日本，每6对夫妇就有1对多接受过不孕不育的治疗。

除此之外，还有一些女性并非出于生理原因不能生育孩子，而是主观上选择不要孩子。《FRaU》杂志在其2016年3月这一期上刊登了一篇关于日本女演员山口智子的长篇采访报道，报道名为《山口智子，不生孩子的别样人生》。当时的这篇采访报道引起了社会的广泛讨论。

“我一直都没想过要生孩子，我想过另外一种人生。直到现在我也没后悔过自己的选择。我认为每个人的人生都应该有多种多样的选择。”

我想山口智子并不是推崇“不生孩子的人生”，而是认为“人应该有多种多样的选择，没有必要模仿他人的人生”，她推崇的是人的多样性和自由选择的权利。在这一点上，我是相当认同的。

## 比终身未婚率更严峻的终身无子率

“终身未婚率”这个词是近几年才走进大众视野的，而“终身无子率”这一概念更是鲜为人知。即使在网上搜索，也找不到日本厚生劳动省或是总务省的统计局曾提到过这一概念。

因此，专家们只能从日本国立社会保障与人口问题研究所估算的未来人口数据（包含家庭类型与配偶关系两个维度）中提取数据来计算。终身无子率的计算要将只有夫妇二人的家庭数量与未婚者人数相加，从而推算出没有孩子、独自生活的人数。此外，家庭类型多种多样，包括核心家庭以及其他亲近关系的家庭，这些家庭都可能是“没有孩子的家庭”。但是上述对终身无子率的估算却没有将其他亲近关系的家庭计算在内。

然而，在计算时我们发现，在统计只有夫妇二人的家庭数量时，如果将15岁以上的年龄段都计算在内，数据是不正确的。为什么这么说呢？因为在大多数情况下，50岁以上、只有夫妇二人的家庭是不和孩子同住的，孩子们独立后家庭中就只剩下夫妇二人了。因此，上述计算中，所谓的只有夫妇二人的家庭大都是家里只剩下老人的家庭。而在统计未婚者人数时，即便只计算20—59岁年龄段内的未婚者人数，数据也是不准确的。因为在20—30岁这个年龄段内的人今后还有可能会结婚生子。

因此，与终身未婚率一样，计算终身无子率也应该将年龄段放在46—54岁之间。这样算下来，截至2010年，日本男性的终身无子率为31.2%，女性则为21.2%（表1-3）。这一数据给我们的直接感受就是日本国民的终身无子率并没有想象的那么高。简单来说，将终身未婚率加10%就能够得到终身无子率。据推算，2035年日本男性的终身无子率将达到41.4%，女性则为32.0%。也就是说，到2035年，日本将有4成男性和3成女性以终身无子的状态度过一生。

2006年，日本国立社会保障与人口问题研究所将女性分成6类进行了无子率的估算（图1-5）。为什么只将女性作为分析对象呢？因为男性存在因离婚等因素造成无子的情况。我们无法判断男性是因为原本就没有孩子还是因为离婚导致的没有孩子。

从图1-5我们可以看出，1990年出生的女性（到了2035年是45岁）其终身无子率是已婚无子率13.8%＋终身未婚率24.3%＝38.1%，占比近4成。2006年估算的女性终身未婚率24.3%是偏高的。根据2013年的推算，到了2035年女性的终身

表1-3 日本国民无子率估算

| 46—54岁 | 2010年 | | 2035年 | |
|---|---|---|---|---|
| | 男 | 女 | 男 | 女 |
| 只有夫妇二人的家庭户数 | 800 | 800 | 860 | 860 |
| 未婚者人数 | 1668 | 873 | 1980 | 1272 |
| 无子家庭合计 | 2488 | 1673 | 2840 | 2132 |
| 终身未婚率 | 21.1% | 11.1% | 28.9% | 19.1% |
| 终身无子率 | 31.2% | 21.2% | 41.4% | 32.0% |
| 对象人口 | 7916 | 7877 | 6858 | 6668 |

来源：根据日本国立社会保障与人口问题研究所公布的《日本家庭数的未来估算》（2013年1月）制作而成

备注：表中的终身未婚率是根据《日本未来人口估算》数据自动计算得出，因此与2010年终身未婚率的确定值（男性20%，女性10%）略有误差。

未婚率为19.1%。因此，如果符合这一数值的话，2035年女性的终身无子率将达到32.9%。如果用同样的方法来推算男性的终身无子率，就是将男性已婚无子率13.8%与表1-3中的男性终身未婚率28.9%相加推算得出42.7%。

也就是说，到了2035年，根据表1-3，日本男性的终身无子率将达到41.4%，女性则为32.0%。这一数据基本上与我的推算是相近的。无论如何，日本的4成男性和3成女性将终身无子的这一事实是难以改变的。这里我们重点关注已婚无子率，1950年出生的女性其已婚无子率只有4.8%，而1990年出生的女性其已婚无子率达到了13.8%，几乎是原来的3倍。由此，我们可以看出，想要通过结婚解决少子化的问题不过是幻想。

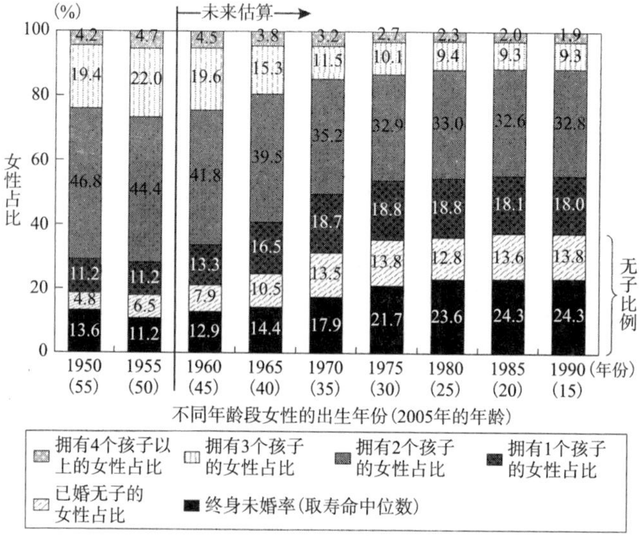


**图1-5　不同类型女性的终身未婚率以及生育孩子数**

来源：日本国立社会保障与人口问题研究所《日本未来人口估算》（2006年12月）

## 日本人根深蒂固的结婚观念

结婚本来就不是法律规定的义务，而是尊重个人意愿、不受他人所迫的权利。此外，养育自己的孩子也不是身为人唯一的社会价值。但是，那些“自以为是”的已婚人士就会说教别人，“结婚不是理所当然的事吗”，“有自己的家庭和孩子才算是真正完整的人啊”，这就是日本人的婚姻观念。

因此，那些过了40岁还没结婚的人就很容易被贴上“人生不完整”的标签。结婚是正常的，但不结婚的人也并不是怪物。在“全民皆婚”时代，人们只能接受5%这种程度的“少数派”是终身未婚者，一旦听到“日本将有3成男性会终身未婚”的新闻，已婚者们就像听到未知病毒扩散的消息一样惊慌，然后想要立刻将病毒消灭。你或许觉得这种想法很奇怪，但是对于那些认为结婚是理所应当的人而言，这样的想法才是正确的。

这种结婚观念在日本人心中尤其根深蒂固。

日本内阁府在2015年作的《关于少子化社会的国际意识调查报告》中有一些很有趣的数据证实了这一点。这项调查以日本、法国、瑞典、英国4个国家的20—49岁的男性和女性（包括已婚和未婚）为对象，调查这些人关于“恋爱”“结婚”“生子”“育儿”的看法（图1-6）。

该调查就“是否认为结婚或者同居是人生必需品”这一问题对4个国家的被调查者进行提问。在日本的被调查者中认为“结婚是人生必需品”的占9.0%；认为“结婚比较好”的占56.5%。也就是说，拥有结婚意愿的日本人超过了65%。这一结果与2010年的调查、2005年的调查相比，基本没有变化。

不同于日本，在欧洲各国的调查结果中，法国人和瑞典人认为“结婚是人生必需品”和“结婚比较好”这两类人加起来只有3成。英国虽然略微高了些，但也只占40%左右。尤其是

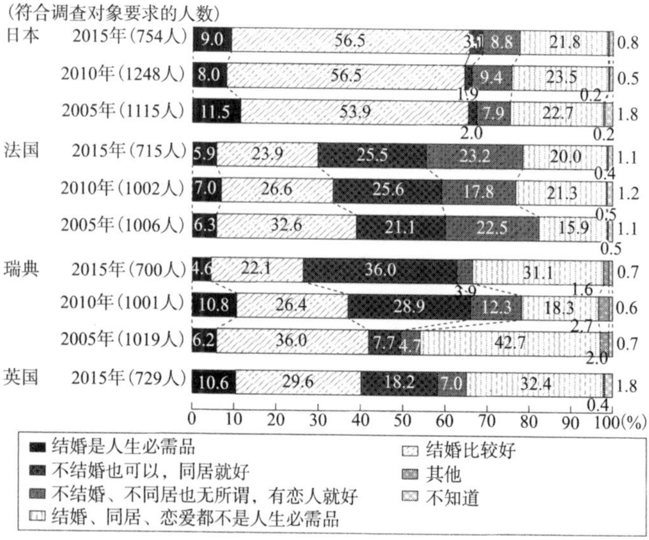


**图1-6　不同国家对结婚的看法**

来源：日本内阁府2015年《关于少子化社会的国际意识调查报告》

备注：该调查中的“结婚”是指法律意义上的结婚。法国的PACS（公民同居契约）和瑞典的Sambolagen制度承认的同居形式在该调查中不算作结婚。

法国人，他们认为无须拘泥于结婚或者同居这种形式，只要有一位伴侣即可。

相反，认为“结婚、同居、恋爱都不是人生必需品”的人，在瑞典占31.1%，在英国占32.4%，都比日本的21.8%高出10%左右。与其说瑞典人和英国人否定伴侣的存在价值，倒不如说他们更能接受双方不建立恋爱关系的这种形式。

当然，对于结婚的看法也因人而异。有配偶者与单身者的想法都是不一样的。因此，我们将有无配偶的人分开作一个比较（图1-7）。

从图1-7我们可以看出，无论是有配偶者还是单身者，回答“结婚是人生必需品／结婚比较好”的人，日本人占比最高。尚未结婚也未同居的日本单身者有近6成的人都有着强烈的结婚意愿。而法国和瑞典的单身者均只有2成左右认为“结婚是人生必需品／结婚比较好”。可见，日本人的结婚观念与法国和瑞典迥然不同。

也就是说，日本人无论是已婚的还是未婚的，全民的结婚意愿都很强烈。而欧洲的其他3个国家，只有有配偶者有强烈的结婚意愿，除此之外的人结婚意愿都很弱。

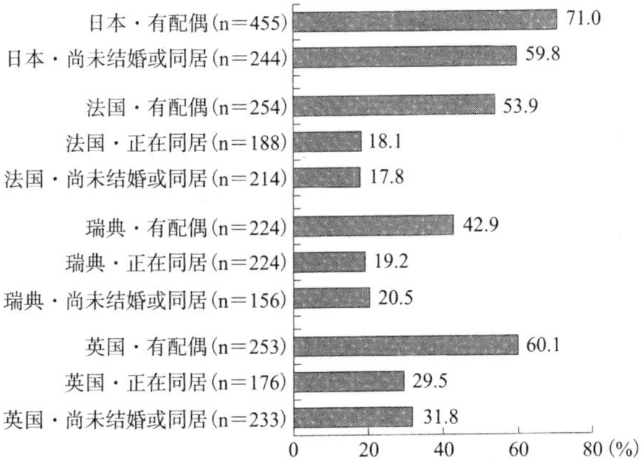


**图1-7　有无配偶的人认为“结婚是人生必需品／结婚比较好”的比例**

来源：日本内阁府2015年《关于少子化社会的国际意识调查报告》

针对日本人结婚意愿的强烈程度，该调查还分性别和年龄段作了对比。从性别来看，有强烈结婚意愿的日本男性占比71.7%，女性占比60.5%，可见男性的结婚意愿更加强烈。从年龄段看，拥有强烈结婚意愿的男性，在20岁左右的人中占比70%，在30岁左右的人占比67%，在40岁左右的人中占比76%。而拥有强烈结婚意愿的女性，在20岁左右的人中占比66%，在30岁左右的人中占比56%，在40岁左右的人中占比62%。我们可以看出，并非越年轻的人结婚意愿越低，男性和女性均在30岁左右的时候结婚意愿更低，女性则是在20岁的时候结婚意愿最强。

这一结果难道不令人意外吗？这并不是几十年前的调查结果，而是2015年的调查结果。

无论是已婚还是未婚、男性还是女性、处于什么年龄段，几乎所有日本人都有着强烈的结婚意愿。因此，对于那些无法结婚的人来说，被说教“结婚是理所应当的事”就仿佛被击中要害一样奏效。日本人根深蒂固的结婚观念会让这些未婚者产生自我否定感，认为“没能结婚的自己，人生确实不完整”。

在这里我想介绍一个案例。我在2015年末出版了《不结婚的男人：持续增加的单身男的真相》一书。书中记述了那些选择不结婚、认为单身万岁的单身男性的真实生活状态。这并不是一本劝大家不结婚的书。因为目前基本没有关于不断增加的单身男性的调查数据，所以这本书只能将单身男性的生活状态与其消费行为相结合，分析单身男性的现状。

书里想说的是，“这些人并不是不能结婚，而是遵从自己的内心选择不结婚”，他们也努力工作，经济独立。有的人即便有女朋友，也会根据自己的意愿选择不结婚。他们将自己的时间和金钱全部用在自己的兴趣爱好上。这些单身男性的生活状态被很多媒体报道后，在社会上引起了广泛讨论。

这本书出版后，我在网上发起了一个讨论单身男性生活状态的帖子，最终收到了1.6万条回复。在帖子下方的回复中既有已婚者的经验之谈，也有未婚者的独特见解。前者的反应很容易理解。已婚者不认可单身男性所谓的自由的生活方式，这一点也是我预想之中的。也有已婚者评价单身男性“说什么不结婚，就是嘴硬，实际上是结不了婚”。对于断言自己不结婚的单身人士，已婚者说他们是“吃不到葡萄就说葡萄酸”。

我们都知道“狐狸与葡萄”是出自《伊索寓言》里的一个著名的故事。这则寓言故事讲的是一只狐狸看到树上结的葡萄，想要跳起来吃美味的葡萄，但是跳了好几次都没有吃到，最终只好放弃，并说道：“反正这个葡萄是酸的。”

在已婚者的眼里，单身者就是那只狐狸，结婚就是树上的葡萄。当人们达不到自己期望的状态时，会想要逃避内心中不和谐的声音，从而为了适应当前的状态调整自己的价值观或信念。价值观和信念并不是绝对不变的。将“未婚者主张不结婚”比作“吃不到葡萄就说葡萄酸”虽然也没有说错，但是我们要知道“已婚者认为结婚是件好事”同样也是“吃不到葡萄就说葡萄酸”的心理。总之，已婚者的反应都在我的预料之中。

让我感到意外的是未婚者的反应。我的言论被未婚男性反驳是完全没有想到的。他们大多数人的想法和已婚者的想法是一致的，都表示“我并不是不想结婚，而是结不了婚”。而结不了婚的理由也各种各样，例如经济能力、外貌、性格、沟通能力等。这些“结不了婚的男人”竟有如此强烈的自我否定感和消极的想法，让我感到很意外。

他们说自己并不是抱着“誓死不婚”的强烈意志而保持单身的。在他们看来，在我写的那本书中，好像所有的单身男性都是“主动选择不结婚”，看完书后，他们觉得自己“不能结婚”的状态也并没有得到改善，反而更加困惑。然而事实是，他们也并没有积极主动地去相亲，也没有因为参加相亲竞选而落选的心灵创伤，因为这些人本来就远离一切比赛性质的活动。但是他们还会说：“反正就算我去参加相亲活动，也没有人想和我结婚。”

能不能结婚并不能决定一个人的人生价值。我虽然是这么认为的，但是一想到大家被强烈的结婚意愿所包围，“结不了婚”让这么多人丧失自信心，我就不寒而栗。

当然，单身男性当中也有一些不受周围结婚观念影响的人。他们不会自我否定，内心十分坚强。话虽如此，但是，当那些“自以为是”的已婚者说出“这些人也不结婚，还想倡导什么单身主义”时，单身男性们的内心还是不舒服的。这时候单身男性们通常会说“虽然很想结婚，但是结不了啊”，用这种贬低自己的说辞来达到自我防御的效果。因为只要你灵活用好“自黑”这一方法，周围人马上就会温柔地对待你，对你说：“是吗？那你要加油啊！”但是，这种方法终究只能应付一时。因为这种“自黑”本质上也是违背自己的内心意愿，他们在心理上还是有压力的。

这也是未婚者们被强烈的结婚观念所压迫的一种现象。本书中将这种没有结婚意愿的人称为“单身男（solo男）”和“单身女（solo女）”。[①]

## 结婚的利与弊都和钱有关

日本政府每隔5年会进行一次出生动向基本调查。在这里我想选取2015年实施的第15次出生动向基本调查中关于未婚男女对于“结婚的好处”和“单身的好处”的调查结果进行分析。需要注意的是，这里说的“结婚的好处”是针对未婚者进行的调查，而非已婚者。

①“solo男”和“solo女”本指有自己的工作且一个人生活，有着独立、自由、自给自足价值观的人，与这个人“有没有结婚意愿”没有任何关系。但为了方便，本书的“单身男（solo男）”和“单身女（solo女）”特指没有结婚意愿的人。——作者注

首先我们来看“结婚的好处”。以下将引用一组逐年变化的数据来说明（图1-8）。

图中已将未婚男女认为的“结婚的好处”具体列出。我们可以看到，认为结婚“能够拥有孩子和家庭”的男性和女性的人数从第9次调查（1987年）开始一直都呈上升趋势。2000年以后，认为结婚“能为自己的心找一个栖息地”和“能和相爱的人一起生活”的人数逐年减少，而认为结婚就是“满足父母和周围人的期待”的人数反而开始增加。此外，认为结婚“能让经济上更加宽裕”的女性人数一直在增加，在2015年的调查中首次突破20%。

可见，大多数男性和女性都认为“结婚的好处”在于“能够拥有孩子和家庭”，而认为“能够为自己的心找一个栖息地”的人数虽然在减少，但也算是人们认为的第二大“结婚的好处”。可以说这一结果非常普遍。

接下来我们来看“单身的好处”（图1-9）。

同样，图中已将未婚男女认为的“单身的好处”具体列出。我们可以看到，认为“行动和生活状态都更加自由”的男性和女性的人数最多，男性占比69.7%，女性占比75.5%。除此之外，被大家较为认可的“单身的好处”还有“经济上会更加宽裕”，“不需要赡养家庭，生活轻松”和“能够维持广泛的社交圈”。这些大家认为的“单身的好处”的思想状态从第9次调查（1987年）开始就基本上没有太大的变化。可见，未婚男

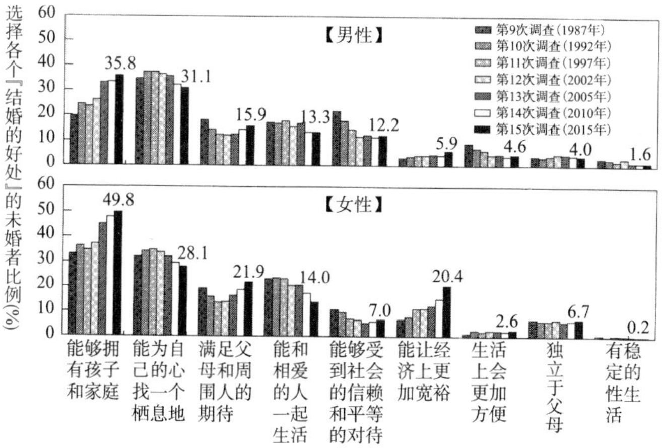


**图1-8 未婚男女认为的“结婚的好处”**

来源：日本国立社会保障与人口问题研究所2015年《第15次出生动向基本调查》

备注：该调查对象为18—34岁的未婚者。该图表示了调查对象认为的不同“结婚的好处”（最多选2项）的人数占比。图中数据为2015年的调查数据。

女们对结婚的看法是多么根深蒂固。他们始终认为“一结婚，自己的行动、生活方式、社交关系以及经济状况都会受到约束”，但是，女性对于结婚影响社交关系的意识正在逐年减弱。

可见，未婚男女认为的“单身的好处”大部分都是“行动和生活方式都更加自由”，这一结果不用调查也能够想到。

当然，这是真实的数据，从上述数据和图表得出的结果也的确是这样。那如果我们分男性和女性来看，结果又是什么呢？

事实上我们也必须分男女来看。因为结婚是男女双方共同的事情。如果男女双方认为“结婚的好处”是不同的话，就会

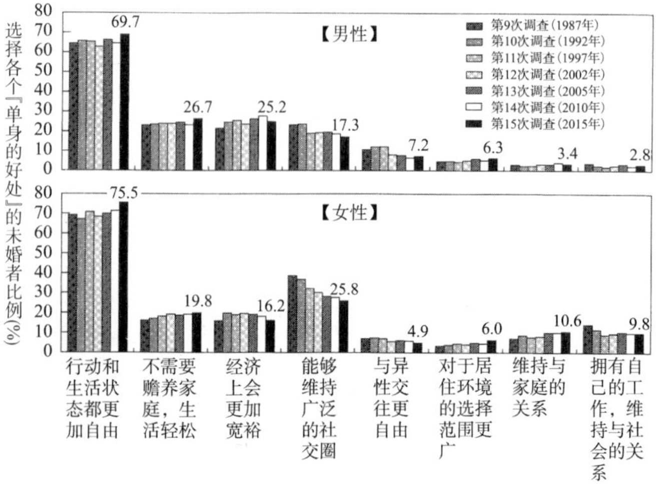


**图1-9　未婚男女认为的“单身的好处”**

来源：日本国立社会保障与人口问题研究所2015年《第15次出生动向基本调查》

备注：该调查对象为18—34岁的未婚者。该图表示了调查对象认为的不同“单身的好处”（最多选2项）的人数占比。图中数据为2015年的调查数据。

降低男女双方的匹配度。因此，我们应该看的不是男女单独的数据，而是男女之间的差值。

图1-10、图1-11分别表示未婚男女认为的“结婚的好处”和“单身的好处”，用差值的形式呈现男女之间的差距。图左侧是女性人数，右侧是男性人数。

首先我们来看对于“结婚的好处”。男女之间看法上的差异，可以说是一目了然。

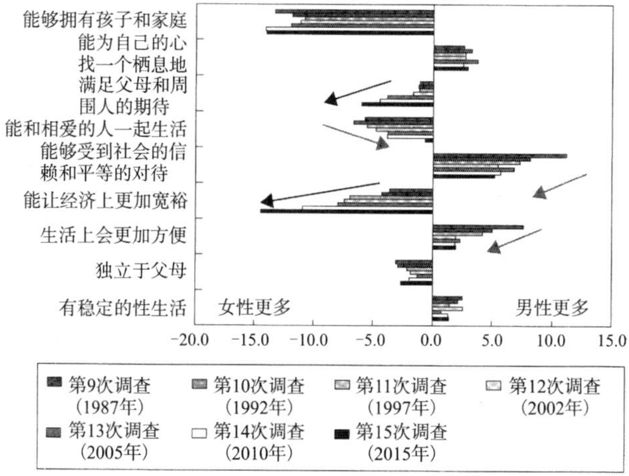


**图1-10　未婚男女认为的“结婚的好处”**

来源：日本国立社会保障与人口问题研究所2015年《第15次出生动向基本调查》

根据图1-10，我们可以看出，越来越多的女性认为“结婚的好处”是“满足父母和周围人的期待”。此外，认为结婚“能让经济上更加宽裕”的女性人数也远超于男性，而且抱有这种想法的女性越来越多。

而男性认为的“结婚的好处”中，“能够受到社会的信赖和平等的对待”和“生活上会更加方便”这两方面比例要高于女性，不过也呈逐年下降的趋势，反而认为结婚“能为自己的心找一个栖息地”的人数则一直保持稳定水平。

接下来我们来看“单身的好处”（图1-11），同样十分清晰。

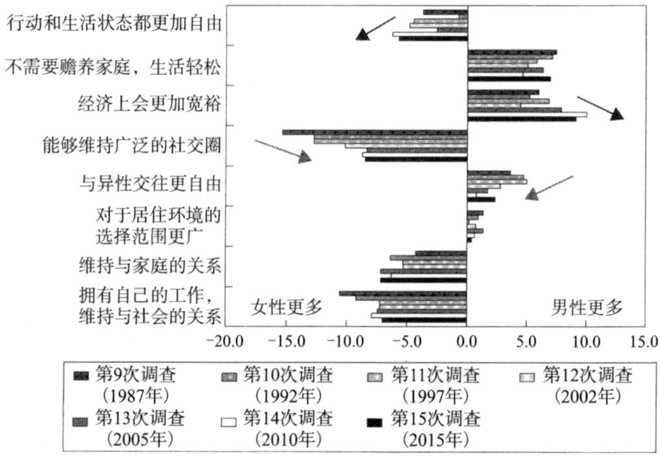


**图1-11　未婚男女认为的“单身的好处”**

来源：日本国立社会保障与人口问题研究所2015年《第15次出生动向基本调查》

令人意外的是，认为“单身的好处”是“行动和生活状态都更加自由”的女性人数超过了男性，且呈逐年上升的趋势。也就是说，女性认为“单身的好处”在于“自由”以及“维持与朋友的关系”、“维持与社会的关系”和“维持与家庭的关系”等，她们更注重这些关系的维持。

相较于女性，越来越多的男性认为“单身的好处”在于“经济上会更加宽裕”。此外“不需要赡养家庭”实际上也算是经济上的原因。

从上述这两个表中体现出的男女差异，我们可以看出什么呢？

女性选择不结婚是因为她们担心一结婚就会失去自由，就会切断与朋友、家人以及职场的联系。而选择结婚的人是因为想要通过结婚“进入一个新社会，即家庭”以及实现“经济上更加宽裕”的愿望。

也就是说，女性认为，如果因为结婚放弃了自己一直以来的社会关系却无法实现相应的“经济上更加宽裕”的愿望，那么，结婚就没有任何好处。

坦白说，面对这一问题时，爱情早已没那么重要了。相亲市场上的女性之所以看重对方的收入就是因为想要通过结婚实现经济上更加宽裕的愿望。

而男性选择不结婚是因为“想要把钱花在自己身上”。要说结婚对于男性而言没有任何好处，也毫不为过。因为，即便是未婚，在如今这个时代男性们也不会失去社会的信任，而且现在早已不是妻子专业为丈夫服务的年代了，即便结了婚生活也没变得多便利。

因此，我们也就理解了为什么就算男性放弃了“把钱花在自己身上”的自由，对于他们来说结婚也不是必要的。

女性想要通过结婚来掌握对方的收入和经济来源，而男性也极度讨厌因为结婚导致自己的经济受到压迫。总之，在结婚这件事上，男性和女性在意的点都是钱。若女性想结婚的原因是钱的话，那么男性不想结婚的原因也在于钱。正因为男女双方在钱的问题上互不相让，日本社会才会走向非婚化。

# 第二章　社会不接受单身的人

未婚化、非婚化的加剧绝对不是个人意识的问题。经济状况或就业等社会环境的变化对此也有很大的影响。但是大家在分析未婚化、非婚化的问题时，有时候不会考虑社会环境变化的因素，或者认不清事实，导致将未婚和不结婚现象片面地归结于个人的不努力。本章将带大家正确认识未婚者们的意识和现状，同时，阐述因社会对未婚者的偏见而造成的影响。

## “有9成的人想结婚”是一个谎言

在第一章中我们已经提到，与其他国家的人相比，日本人有着根深蒂固的结婚观念。这种观念会在无形之中让日本的未婚者们产生强烈的自我否定感，从而认为“不结婚的人确实人生是不完整的”。

那些高举“结婚正常论”的人们高呼着“结婚才是身为人的正常行为”，或许他们并没有恶意，只是想善意地给未婚者们一些像“结婚是一件好事啊”“家庭是很温暖的”的建议。但是对于那些“不能结婚的人”和“不想结婚的人”来说，无论是出于善意还是恶意，这些言论都给他们造成了困扰。未婚者们会认为，凭什么自己的人生要被别人指指点点呢？

那么，为什么大多数人都持有“结婚正常论”呢？

因为“日本人都想结婚”的这一看法深入人心。而让大家持有这一固有看法的就是下面这组数据。每当出现终身未婚率相关的新闻时，这组数据就必定会被引用。

“在18—34岁的结婚适龄期男性和女性中，有近9成的人想结婚（男性为86%，女性为89%）。”这一数据的来源是2010年日本国立社会保障与人口问题研究所关于“结婚适龄期男女的结婚意愿”的调查结果（图2–1）。

如果男性和女性都有近9成的人想结婚，那就不会有3成的人终身未婚了。难道不能结婚是因为他们缺乏热情和行动力吗？这个结论成立吗？

我想，在这一调查中大家的回答绝对不是“想要结婚”的意思，而是“迟早都要结婚”的意思。而且这个调查是让调查对象从“迟早都要结婚”和“一辈子都不打算结婚”这二者中选择其一。如果仔细看那些回答“迟早都要结婚”的人的具体选择，就会发现在这些人当中，男性和女性都有近一半的人是“还没有结婚的打算”。

准确地说，那些回答“迟早都要结婚”的人当中，有

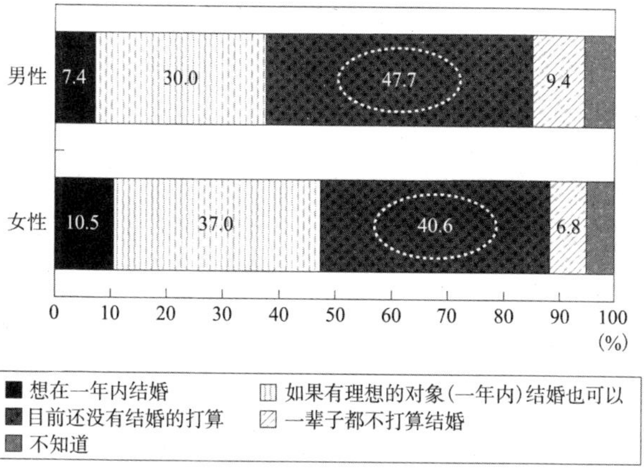


**图2-1 结婚适龄期男女的结婚意愿**

来源：日本国立社会保障与人口问题研究所2010年《第14次出生动向基本调查》（调查对象为18—34岁的未婚者）

47.7%的男性和40.6%的女性“目前还没有结婚的打算”。

2016年，我在自己负责的日本“单身男研究项目”中，做过一个1万人规模的调查问卷。调查结果显示，对结婚抱有积极态度的男性人群中，20多岁的有60%，30多岁的有50%，40岁多的有39%，50多岁的有29%；而对结婚抱有积极态度的女性人群中，20多岁的有72%，30多岁的有58%，40多岁的有34%，50多岁的有18%。在平均初婚年龄，也就是30岁的年龄段里，有5成的男性和4成的女性对结婚持消极态度，也就是“不想结婚”。这组数据与2015年的出生动向基本调查的结果大致吻合。

大部分人都是一边含糊地说“最终应该还是会选择结婚”，一边又想着“暂时还不考虑这件事”。持这种态度的不仅仅是男性，越来越多的女性也这么想。尤其是40岁以上的未婚女性，越来越多的人不想结婚，她们的结婚意愿远低于男性。

可见日本的男性女性中都有近一半的人是“不结婚/不想结婚”的“单身男（solo男）”和“单身女（solo女）”。当然，这些人当中既有“想结婚却结不了”的人，也有主动选择“不结婚”的人。

所有人都结婚才是不正常的。在日本经济高速发展时期，日本人的结婚率近100%。现在想来，当时那种“全民皆婚”的时代才是日本历史上的异常现象。

## 职场女性的增加加速了日本社会的非婚化

创造“女性闪耀光辉的社会”一直是安倍内阁的一个重要课题。也就是说，要构建起一个能让女性自由、自信并活跃起来的社会。2016年5月，“创造女性闪耀光辉的社会本部”发表了《加速女性活跃的重点方针2016》。该方针指出，为了在全日本构建起一个让女性实现希望和梦想的社会，提出以下3点目标：

1. 要让女性在社会各个领域中都活跃起来。

2. 实现安全、安心的生活，为女性的活跃做好支持。

3. 要让女性活跃起来必须先做好基础工作。

其中，第一条目标特别指出，要改善男性的工作方法、提高男性自身的意识，改善女性非正式员工的待遇、促进女性转向正式员工，同时促进男性承担部分育儿及家务等事务。总之，就是要在所有领域里培养女性领导者、提高企业的女性员工比例以及支援女性创业。

安倍政权为什么对“女性活跃”如此积极呢？因为创造“女性闪耀光辉的社会”是安倍政权在选举时提出的一项经济政策。当然日本政府并不会仅仅因此就强制推行这一政策，毕竟政府积极推行这一政策也有其相应的理由。

当前的日本面临人口不断减少、少子老龄化现象不断加剧的严峻形势。如果老年人继续增长，日本将很难维持现在的社会保障制度。每个日本国民的心里都十分清楚这一现状。要想缓解老年人福利与社会保障制度二者之间的不平衡状况，就必须增加潜在的劳动力，例如老年劳动力、女性劳动力以及年轻劳动力。此外，日本政府对于移民劳动力的限制也是造成日本劳动力不足的一大原因。

日本政府在2014年度《经济财政白皮书》中称，如果增加育儿援助措施，职场女性或将增加100万。可见，日本政府为了让女性出来工作，甚至连育儿援助措施都想出来了。而对于女性的职业类别也并不拘泥于正式员工。打零工也好，非正式员工也好，总之，只要能让那些迄今为止都没有工作过的家庭主妇出来工作，国家税收就会增加，日本的经济就会好转。女性收入增加了，相应地其消费水平就会提高，从而促进日本经济的增长。这就是日本政府想要达到的效果。说白了，日本政府就是想说："女性们，为了国家的经济增长，你们出来工作吧!"然而国民往往只关注"女性闪耀光辉的社会"这一口号，领会不到口号背后政府真正的意图。对此，报道这类新闻的媒体是有一些责任的。

安倍政权在《日本再兴战略》中提出，要在2020年让25—44岁的女性就业率达到77%（2015年的女性就业率是72%）。事实上，自从自民党执政后，这一数值并没有多大的变化。因为即便是执政党想要改变，日本政府也改变不了。"增加女性劳动力"绝不仅仅是安倍政权的战略，也是日本政府一直以来的想法。

很多人认为，"未婚和不婚是导致少子化的重要原因，那些选择不结婚的人就是亡国的元凶"。希望这些人能够意识到自己的落后思想。因为，日本政府可能也没打算阻止少子化现象和人口减少的问题。

从不同年龄段男女的就业率（数据来源于日本总务省公布的劳动力调查结果）来看，25—54岁的男性就业率超过了90%，女性则在70%左右。这20%的差别是女性因结婚、生育以及育儿等事情不得已离开职场导致的（表2-1）。

**表2-1　不同年龄段就业率的变化**

| | | 2005年 | 2006年 | 2007年 | 2008年 | 2009年 | 2010年 | 2011年 | 2012年 | 2013年 | 2014年 | 2015年 |
|---|---|---|---|---|---|---|---|---|---|---|---|---|
| 男 | 总数 | 69.9 | 70.0 | 70.3 | 69.8 | 68.2 | 67.7 | 〈67.6〉 | 67.5 | 67.5 | 67.7 | 67.8 |
| | 15—64岁 | 80.4 | 81.0 | 81.7 | 81.6 | 80.2 | 80.0 | 〈80.1〉 | 80.3 | 80.8 | 81.5 | 81.8 |
| | 15—24岁 | 40.0 | 40.6 | 41.4 | 41.0 | 38.7 | 38.0 | 〈38.0〉 | 37.9 | 38.8 | 39.6 | 40.4 |
| | 25—34岁 | 90.0 | 90.5 | 91.0 | 90.6 | 89.0 | 88.9 | 〈89.3〉 | 89.4 | 89.3 | 90.1 | 90.0 |
| | 35—44岁 | 93.6 | 93.9 | 94.0 | 93.8 | 92.5 | 92.6 | 〈92.8〉 | 92.6 | 92.8 | 93.3 | 93.2 |
| | 45—54岁 | 93.0 | 93.3 | 93.6 | 93.4 | 92.4 | 92.5 | 〈92.4〉 | 92.3 | 92.4 | 92.7 | 92.8 |
| | 55—64岁 | 78.9 | 79.9 | 81.5 | 81.3 | 79.8 | 78.9 | 〈78.6〉 | 78.8 | 79.8 | 81.5 | 82.4 |
| | 55—59岁 | 89.6 | 89.6 | 89.8 | 89.2 | 88.0 | 88.0 | 〈88.6〉 | 88.4 | 89.1 | 90.0 | 90.2 |
| | 60—64岁 | 65.9 | 67.1 | 70.8 | 72.5 | 71.4 | 70.6 | 〈70.8〉 | 71.3 | 72.2 | 74.3 | 75.5 |
| | 65岁以上 | 28.7 | 28.4 | 29.1 | 29.0 | 28.4 | 27.8 | 〈27.5〉 | 27.9 | 28.6 | 29.3 | 30.3 |
| 女 | 总数 | 46.3 | 46.6 | 46.6 | 46.5 | 46.2 | 46.3 | 〈46.2〉 | 46.2 | 47.1 | 47.6 | 48.0 |
| | 15—64岁 | 58.1 | 58.8 | 59.5 | 59.8 | 59.8 | 60.1 | 〈60.2〉 | 60.7 | 62.4 | 63.6 | 64.6 |
| | 15—24岁 | 41.7 | 42.1 | 41.6 | 41.8 | 41.1 | 40.5 | 〈40.2〉 | 39.0 | 40.6 | 41.0 | 40.9 |
| | 25—34岁 | 64.0 | 65.1 | 65.7 | 66.3 | 67.3 | 68.0 | 〈68.3〉 | 69.1 | 70.7 | 71.6 | 72.1 |
| | 35—44岁 | 64.0 | 64.7 | 65.4 | 65.2 | 65.0 | 65.2 | 〈65.9〉 | 66.7 | 68.6 | 70.1 | 71.2 |
| | 45—54岁 | 69.1 | 70.2 | 71.2 | 71.4 | 71.0 | 71.5 | 〈71.6〉 | 72.2 | 73.3 | 73.9 | 74.8 |
| | 55—64岁 | 49.4 | 50.1 | 51.3 | 51.7 | 51.7 | 52.0 | 〈51.9〉 | 52.4 | 54.2 | 56.0 | 57.9 |
| | 55—59岁 | 58.4 | 58.6 | 59.5 | 60.0 | 60.6 | 61.2 | 〈62.1〉 | 62.6 | 64.7 | 66.3 | 67.5 |
| | 60—64岁 | 39.0 | 39.0 | 41.0 | 42.5 | 42.9 | 44.2 | 〈44.2〉 | 44.5 | 46.0 | 47.6 | 49.4 |
| | 65岁以上 | 12.6 | 12.8 | 12.8 | 12.9 | 13.0 | 13.1 | 〈13.0〉 | 13.2 | 13.7 | 14.3 | 15.0 |

来源：日本总务省统计局劳动力调查结果

备注：表中〈　〉内的数据是2011年的数据。由于2011年日本发生东日本大地震，准确数据缺失，这一年的数据是根据往年数据推算得出的。

那么，如果真实现了“让所有女性闪耀光辉的社会”的目标（77%的女性就业率），会怎么样呢？当然，如果能够改革相关体制，让女性不会因为生育、育儿等事情被迫离开职场，那么对于那些想工作的已婚女性而言还是很有利的。

2014年日本厚生劳动省《国民生活基础调查》结果中有一组很有趣的数据，即图2-2所示的家里最小孩子在不同年龄段其母亲们的工作情况。从图中可以看出，家里最小的孩子是0

岁时，有60%的母亲处于无业状态；随着孩子逐渐长大，母亲们逐渐开始工作，但大部分都是非正式员工；而生了孩子后依然有正式工作的母亲也只有20%左右。

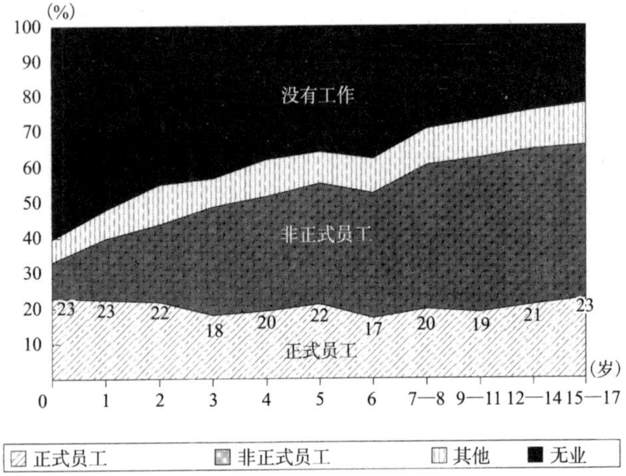


**图2-2　家里最小孩子在不同年龄段其母亲们的工作情况**

来源：日本厚生劳动省2014年《国民生活基础调查》

妻子是家庭主妇的家庭并不都是家里有钱的。这也就能够推断出，大部分女性都是因为怀孕生子而辞掉工作的。从另一个角度来看，在女性员工生育期间能够继续以正式员工身份雇佣女性员工的企业只占约20%。由于30—34岁女性的正式员工比例约30%，也就是说，至少有约10%的女性辞掉了自己正式的工作。

要想改变这种状况，企业意识和社会制度就要相应改变。

这绝对不是坏事。社会和企业要创造良好的环境，让分娩后的女性既能安心工作又能照顾孩子。就是因为很多女性生了孩子后就不得不辞掉工作，才导致很多女性选择忍着不生孩子。因此，如果企业意识和相关制度能够改变，应该就能受到女性们的欢迎。

然而，事实上想要孩子的女性根本不会在意这些，她们会按照自己的想法生孩子。实际上，现阶段的已婚女性平均会生育两个孩子。而且，对于那些本来就不打算要孩子的夫妇而言，他们也享受不到这些制度改革带来的好处。

## 工作越出色的职场女性，其未婚率越高

日本政府提出的“女性闪耀光辉的社会”，对于改善女性的工作环境可能会有很大作用。但是，要说这一政策是否能解决日本的高未婚率和少子化现象，那就相当存疑了。相反，我担心这一政策反而会加速提高女性的未婚率。女性结婚的动机大多都是经济方面的考虑，这是毋庸置疑的事实。因此，如果女性自身经济独立了，就会觉得没有结婚的必要了。

从“不同年收入的男女终身未婚率”（图2-3）一图中可以看出，男性和女性之间的差别还是很明显的。由于终身未婚率是指在50岁这个节点的未婚率，因此，为了更加符合现实情

况，我们来看过了平均初婚年龄（男女均未达到30岁左右）的35—44岁，也就是40岁左右男女的未婚率。从图中可以看出，年收入低的男性和年收入高的女性，这两部分人的终身未婚率是很高的（该图的调查数据只包括有工作的男性和女性）。40岁左右的未婚者，大部分都是生活贫困的男性和经济独立的女性。

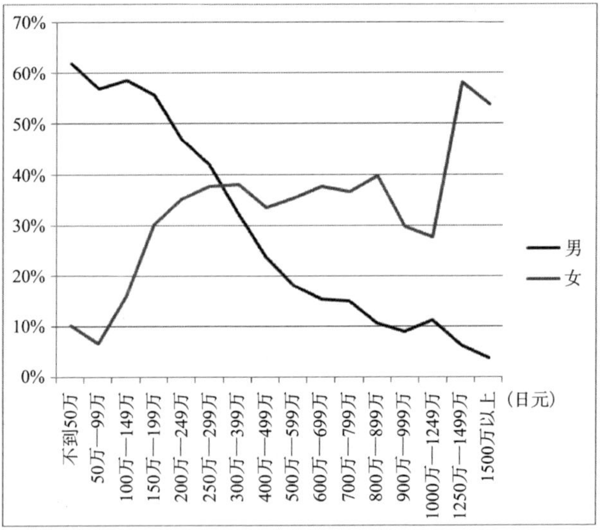


**图2-3　不同年收入的男女终身未婚率**

来源：日本总务省统计局2012年《就业结构基本调查》

接下来我们来看不同行业中男女正式员工和非正式员工的终身未婚率（表2-2）。让人一目了然的是，终身未婚率高的大部分人是没有正式工作的男性和有正式工作的女性。男性正式员工和女性正式员工，以及男性非正式员工和女性非正式员工，这4类人的终身未婚率都超过2010年全国平均未婚率的行业有报纸、出版、音像制作、广告制作。尤其是从事这些行业的女性正式员工，其终身未婚率高达50%以上。从某种意义上来说，这确实算是一个冲击。其次，从事广告业、法律、会计、设计以及写作等行业的人，其终身未婚率也很高。

而在终身未婚率低的人群中，男性大多从事金融和保险以及教育相关工作，而女性则大多从事酒店、餐厅服务、社会保险、福利机构以及疗养院等看护机构的工作。在制造业领域，男性正式员工的终身未婚率低于全国平均未婚率，而女性正式员工的终身未婚率则高于全国平均未婚率一倍以上。在金融和保险领域，男性正式员工的终身未婚率较低，而女性正式员工则更高。在大家普遍认为女性比男性更多的零售领域中，同样也是女性正式员工的终身未婚率更高。不过，这可能也与该行业中女性较多有关系。

从这一图中我们可以看出，越是有正式工作且工作出色的女性越容易终身未婚，尤其是那些能够熟练掌握影像、文字、写作、绘画等能力，具有相关行业专业资格证书和知识的女性，其终身未婚率就越高。我自己就从事广告业，印象中像从事设计工作和新闻出版等媒体行业的女性以及自由女作家等，这些人中的未婚者较多。

究其原因，这几类人的工作比较忙，但是却很有趣。这些

表2-2 不同行业中男女正式员工和非正式员工的终身未婚率

| | 正式 | | 非正式 | |
|---|---|---|---|---|
| | 男 | 女 | 男 | 女 |
| 总数 | 14.6% | 18.6% | 40.4% | 6.5% |
| 农业、林业 | 18.4% | 4.3% | 49.9% | 5.1% |
| 渔业 | 18.6% | 0.0% | 31.3% | 2.9% |
| 建设业 | 16.7% | 18.2% | 36.7% | 10.2% |
| 制造业 | 15.9% | 20.3% | 42.4% | 5.9% |
| 电力、煤气、热供给、水务业 | 10.9% | 32.2% | 25.0% | 6.3% |
| 通信业 | 13.1% | 29.9% | 12.5% | 8.8% |
| 广播业 | 13.0% | 77.0% | 0.0% | 8.3% |
| 信息服务业（软件包开发业、游戏软件业） | 15.3% | 35.6% | 38.6% | 11.2% |
| 新闻、出版、影像制作、广告制作业 | 21.7% | 50.1% | 29.8% | 13.3% |
| 运输业、邮政业 | 15.0% | 23.5% | 38.1% | 7.3% |
| 批发业、零售业 | 12.7% | 25.2% | 40.2% | 6.0% |
| 金融业、保险业 | 6.8% | 25.4% | 12.1% | 8.3% |
| 房地产业、物品租赁业 | 11.1% | 26.4% | 27.6% | 11.9% |
| 学术・开发研究机构 | 17.6% | 3.1% | 5.9% | 19.6% |
| 专门服务业（法律、会计、著作家） | 19.8% | 27.5% | 29.2% | 9.9% |
| 广告业 | 24.5% | 38.5% | 36.4% | 0.0% |
| 技术服务业（建筑设计、兽医、测量、摄影业等） | 24.2% | 23.6% | 30.3% | 14.7% |
| 住宿业、饮食服务业 | 18.1% | 12.2% | 33.9% | 4.7% |
| 生活关联服务业（洗涤、美容）、娱乐业 | 20.6% | 21.8% | 41.8% | 7.9% |
| 教育、学习支援业 | 9.4% | 17.3% | 36.8% | 7.2% |
| 医疗业（病院、医院、齿科） | 11.7% | 14.4% | 42.2% | 4.0% |
| 社会保险、社会福祉、护理业 | 19.8% | 10.1% | 49.0% | 4.1% |
| 邮局、协同组合等复合服务业 | 12.3% | 17.5% | 58.6% | 5.4% |
| 服务业（废弃物处理、吉备、整备等） | 22.1% | 25.5% | 47.0% | 9.9% |

来源：日本总务省统计局2012年《就业结构基本调查》

备注：截至2010年终身未婚率超过全国平均水平（男性20.1%，女性10.6%）的部分用灰色表示。

行业与制造业或零售业不同，它们没有固定的上下班时间。另外一个原因就是，越是工作出色的女性，自己就越能赚钱。本来女性就想找比自己收入高的男性结婚，自己的收入高了，能供自己选择的结婚对象自然也就少了。年收入600万日元的女性是不会嫁给年收入300万日元的男性的。这不是出于爱或者喜欢这种情感层面的原因，而是经济层面的原因。

## 女性的“高嫁”想法

为什么女性希望嫁给比自己收入高的对象呢？

这并不仅仅是女性自身的意识问题，也不仅仅是社会制度或企业的责任，男性也有一定的责任。在终身未婚率所指的对象中，45—54岁男性反而有“低娶”的心态。换言之，男性往往想找年收入比自己低且低学历的女性作为结婚对象。哪怕在这个时代，依然还有很多人抱着“男主外、女主内”的古板思想。很多男性还抱着日本经济高度增长时期的想法，他们认为“女性结婚后就要回归家庭做家庭主妇”，很讽刺的是，抱有这种思想的男性往往就是那些结不了婚的人。也就是说，很多女性即便是正式员工，在结婚或者有孩子以后都不得不选择辞职，其实往往并不是女性自身的问题，更多的是丈夫对妻子的要求。

当然，并不是所有男性都具备足够的经济能力让妻子辞职做家庭主妇。如今的社会，双职工家庭已成为主流，很多女性在婚后依然选择继续工作。不过，我们来看一下双职工家庭夫妇各自的平均收入，也就能理解为什么丈夫会要求妻子辞职了。由于找不到近年来的最新数据，只能用旧数据，实在抱歉。日本总务省统计局公布的2000年家庭收支调查中，有一项关于“双职工的核心家庭”的家庭收支数据。该数据显示，在双职工家庭中，丈夫的年均收入是553万日元，而妻子的年均收入是180万日元。可见，虽说是双职工家庭，但是基本上都是以丈夫的收入为主，妻子的收入为辅。也就是说，双职工夫妇家庭中，大部分家庭都是妻子的收入比丈夫低，丈夫处于“低娶”的状态。

极端点说，能接受男性这种“低娶”心态的女性就能结婚。因此，那些有正式工作的男性和没有正式工作的女性，其未婚率低就很正常了。当然，这其中肯定也有相互理解的夫妇，他们保持着一起工作的状态并结婚。但是，一旦妻子生下孩子，她就必须要对孩子承担起责任，从而选择辞掉工作。事实上，大多数家庭都是这种情况。

站在职场女性的角度想，她们或许会认为：“啊？真是不可思议。凭什么我要辞掉自己的工作？那样的话，我还不如不结婚！”正是持有这种观点的女性才会选择以未婚的状态迎接自己的50岁。

如果按照“高低匹配”的逻辑来说，那些有正式工作且年收入高的女性可以和没有正式工作、年收入低的男性结婚，有效发挥男性的作用，让他们也做“家庭主夫”，然而这样的组合往往都不会被大家所接受。最近一些媒体经常报道类似于“家庭主夫增多了”“新的生活方式——家庭主夫”等新闻。但即便是社会允许男性们选择这样的生活方式，一旦问他们自己会不会选择当“家庭主夫”，大部分人的回答都是“NO”。而且虽说近年来的“家庭主夫”增多了，但实际上这部分人还是很少的。

根据日本总务省统计局公布的历年劳动力调查数据资料，1980年日本有家庭主妇的家庭是1114万户，到了2013年迅速减少到745万户。而现在的日本双职工家庭则达到了1066万户，这是大多数日本国民都知道的数据。但是，至于有“家庭主夫”的家庭有多少户，国民却很少听到这一数据。

日本厚生劳动省年金局公布的2013年《厚生年金保险和国民年金事业年报》中有一项关于第3类被保险人的数据，我们尝试从这一数据来类推日本“家庭主夫”家庭的户数。所谓的第3类被保险人就是在经济上对第2类被保险人（指公司职员、公务员等，以及除个体户以外的劳动者）有依赖性的配偶。那么，男性的第3类被保险人就是被在外工作的妻子抚养的“家庭主夫”。

从图2-5可以看出，男性的第3类被保险人约有11万人

（2013年的数据），而1997年是4万人，增加至近2倍。而女性的第3类被保险人从1997年的1190万人减少到930万人，减少了260万人（图2-4），与男性形成鲜明的对比。不过，男性的第3类被保险人也仅占所有第3类被保险人的1%。无论“家庭主夫”是多么小的一个群体，想必我们也都能够理解。

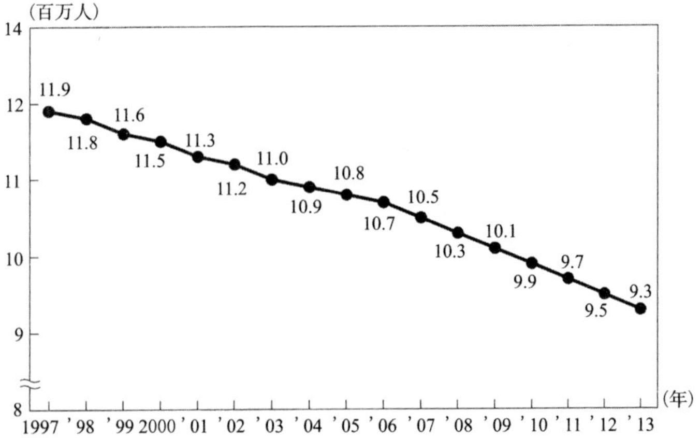


**图2-4　女性第3类被保险人的数量**

而且，在这11万人里也并非全都是“家庭主夫”。男性的第3类被保险人中包括上一年的平均年收入400多万日元的离异者、年收入为零的无业者、求职者（失业者）、“家庭主夫”、学生、平均年收入60多万日元的自由职业者、非正式员工等。因此，在这11万人当中，能为妻子承担家务、照顾孩子的这种真正的“家庭主夫”只有不到3万人，占全部男性的第3类被保险

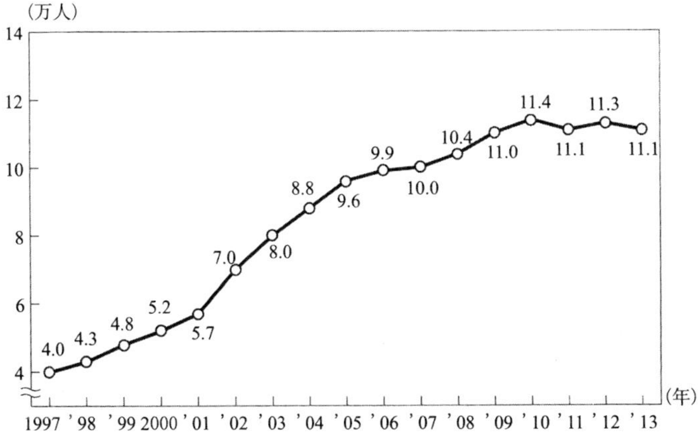


**图2-5　男性第3类被保险人的数量**

来源：日本厚生劳动省2013年《厚生年金保险和国民年金事业年报》及《年金数理部会资料》

备注：被保险人的数量为每年年末的数量。

人的1/4。这种本来就是“家庭主夫”的人，大约占比1/4。此外，这之中还有既不做家务也不照顾孩子，只是单纯不工作的男性。这些人根本不是“家庭主夫”，说白了就是“寄生虫”。

社会对于这种“寄生虫”的容忍度是很低的。如果是能够体谅独自养家的妻子的男性也就罢了，但还是有很多男性本来应该作为家里的顶梁柱出去工作，却借着失业的机会，好像看透人生一样逃避现实。这样下去，双方就容易因为经济问题而发展到离婚，最终导致很多女性成了单亲妈妈，她们不得不一边工作一边照顾孩子。关于离婚问题，我会在第四章中详细阐述。

总之，家庭主妇和“家庭主夫”并不是二者择其一的问题。如今社会的主流家庭模式是夫妇一起工作。前文中已经提到，即便是双职工夫妇，男性更愿意与比自己收入低的女性结婚，而女性则想要找比自己收入高的男性。尤其是很多女性们都抱着“结婚就是一种经济行为”的想法，因此她们对于结婚对象的经济能力的要求也不会轻易让步。而对于那些原本在工作上就很优秀的女性来说，即便不结婚，经济上也能自给自足。与其和不如自己的对象结婚又走向离婚，还不如从一开始就选择不结婚。而且她们也没有多余的时间能让自己舍弃掉繁忙又有价值的工作，而去忙于相亲。

即便是那些内心隐约想结婚的女性，只要她们埋头于工作，那她们对结婚的欲望也就不会那么强烈了。自己越是能在工作中取得成绩，年收入就会不断上涨，相应地，对结婚对象的要求也越来越高，从而进入一个恶性循环。等到自己回过神来时，已经40岁了。在这个不太好生育的年龄，大部分单身女性在放弃生孩子的那个瞬间，同样也放弃了结婚。

这样一来，我们就不得不思考，如果安倍政权提出的“女性闪耀光辉的社会”实现了，可能越来越多的女性就会选择终身不婚。她们为了获得幸福的人生，拼命学习进入好的公司，然而，事业上越出色，离结婚却越来越远。这是什么惩罚游戏啊？

不过，对于努力工作的女性们而言，为了热爱的工作而放弃结婚这条路的选择也并不遗憾。

## “单身骚扰”——社会对未婚者的精神虐待

随着整个社会未婚率的持续上升，职场中男女未婚者的比例也在上升。在这种情况下，那些永远不结婚的未婚者们，就会不断面临对他们的各种骚扰。

“骚扰”，即英文Harassment。如果要给“骚扰”下一个明确定义，那就是“不顾他人想法，通过语言和行动等引起他人不悦、伤害他人自尊、损害他人利益、甚至对他人造成威胁”。比较有代表性的是，带性暗示的言语或动作对他人造成的“性骚扰”（Sexual Harassment）；凭借自身在职场上的地位等优势，超出正常业务范围给人造成精神和肉体痛苦的行为，即“职权骚扰”（Power Harassment）；在职场中对怀孕或者已经产子的女性进行精神、言语等骚扰行为的“孕妇骚扰”（Maternity Harassment）等。

而对于未婚者和单身人士的骚扰，过去就有“单身人士骚扰”“未婚者骚扰”这些词。2015年，我对这种行为作了一个正式的定义，名为“单身骚扰”（Solo Harassment）。

近年来好像什么都可以被说成是骚扰，我对于这种现象有些担心。我们看到，大家凑热闹似的不停地创造“××骚扰”等词汇，我们也理解大家对这件事的界定都有各自的评判。但是，我们不能把这当成是简单的文字游戏。因为“骚扰”在大部分的情况下，都是做出动作的那方无意识的，也是没有任何恶意的行为。想要改变公众对“骚扰”的重视程度，稍微敏感些不是正好吗?

正是因为大家都不敏感，才导致在日本经济高速增长的时期，适婚年龄的女性们在职场中经常受到来自男上司催婚——“差不多该结婚了呀”以及“还没有男朋友吗”……如果她们还是不结婚，等到下次，男上司们就会以提问的语气说“你为什么不结婚呢”，最终会演变成在聚会上对未婚女性的说教——“结婚是一件好事啊”以及“人只有结婚生子才算是完整的人啊”……当时的未婚女性们可能会觉得那是上司对自己的关心，也不会追究什么。但是放在现在看，这就是性骚扰，也会被认定为职权骚扰。

2012年，日本厚生劳动省公布了《关于职权骚扰的实况调查》，该报告中，明确将职权骚扰分成施暴等身体攻击、威胁等精神攻击、无视或排斥、安排过多工作等过度要求、不安排工作等过少要求、干涉个人隐私等6种类型。上文中提到上司对员工结婚问题的质问和说教都属于干涉个人隐私。

2016年2月，专门面向30岁左右女性读者的日本流行时尚杂志《steady.》（宝岛社出版）在其2016年3月刊上对1000名读者进行了一次问卷调查，询问她们是否因为单身受到过骚扰。结果，有90%的女性的回答都是“有过”，而且对此感到很有压力。对于未婚女性而言，比起男性对她们的单身骚扰，来自已婚女性的说教更让她们感到有压力。

以下内容是我对单身女性进行面对面采访时获得的部分回答：

公司里已婚的女前辈经常会挖苦似的说我“单身就是自由啊，时间和钱都花在自己身上了”。

——某34岁女性

我自己从来没说过想结婚，但是每次见到已婚的老同学总会被他们说教，说我眼光太高，还说我已经不小了，应该看清自己的定位。真的是喋喋不休，让人心烦。

——某30岁女性

相反，也有一些未婚者因为她们周围的人过于小心、只字不提关于结婚的事情，使得这些未婚者能完全避开结婚的话题。虽说如此，但这也依然会成为一种压力。

2012年日本厚生劳动省《关于职权骚扰的实况调查》中还介绍了以下案例：

我曾经被说过“大好年华不结婚、不生孩子，那么你在训斥下属的时候就做不到温柔亲切”。

——某40岁女性

有了孩子就能掌握温柔的训斥方法了？这二者之间有什么因果关系呢？真想让说这话的人拿出证据来。

不同于职场上的单身骚扰，持续单身还要承受来自父母给的巨大压力：

每到新年或者每次回老家的时候，父母都会委婉地给我压力，说：“你看你那个弟弟都已经生二胎了。”要是他们直接说“你快点结婚吧”还好，这种拐弯抹角的方式更让人心烦。

——某35岁女性

此外，为了防止来自职场上男性的性骚扰，很多专家想通过各种讨论来改变大家的意识，甚至在议会等的讨论中也频频发生各种状况。

2014年6月的东京都议会上就发生了这样一件事。盐村文夏议员在提出如何为那些因怀孕生子而苦恼的未婚女性提供帮助这一问题时，一位男性议员奚落道：“那结婚不就好了吗？”此言一出，立刻被认定为是性骚扰，东京都议会收到了1000多封抗议信。当时有很多媒体都报道了这件事，引起了不少人的关注和议论，甚至欧美国家的媒体也在报道和批判这一行为。由于盐村文夏议员是单身，所以这位男性议员的嘲讽也可以被说成是单身骚扰。

还有一件类似的事是在2016年秋田县大馆市议会上发生的。这次是女性对男性的单身骚扰。67岁的已婚女议员对48岁却依然单身的福原淳嗣市长说："我不和未婚市长讨论，请换一个已婚的人来。"此言一出即引起了大家的强烈抗议。市议会也给予这位女性议员以警告处分。

当时的这一事件也被一些媒体报道了。但与盐村议员事件不同的是，这一事件并没有引起社会的广泛谴责，说明还有很多人不知道这件事。可见，当男性受到单身骚扰时，大家的反应并没有那么强烈，这一点我们无法否认。

性骚扰也是一样。媒体对于被性骚扰的男性受害者和女性受害者的报道程度也有很大差别。对于大馆市议会上发生的这件事，很多人会认为"这也不值得生气嘛"。然而，这才是我们应该注意的问题。受到警告处分的女议员抗议道："我只是想表达用为人父母的心去教育孩子的重要性。结婚与否的确是个人私事，但是我并没有恶意，我不接受警告处分。"

我们暂且不说她的辩解是对是错，"我没有恶意"可能确实是她的真话。但是，正是没有恶意的"善意逼婚"才更令人生厌。

我认为结婚这件事就好比某种信仰。对未婚者们说"快结婚吧"这种多管闲事的行为就好比劝别人信仰某种宗教一样，

“来，信教吧，你会得到救赎”。想必抱有这种想法的人不只有我一个。劝别人结婚的已婚人士就是“结婚派”的人。

本来别人结婚与否是与自己八竿子打不着的事情，但这些人却一刻也闲不住。他们认为自己相信的东西是绝对正确的，不知道这个东西的人就很可怜，然后抱着“自己必须要救赎他们”的心理去催别人结婚。那位女性议员所说的“为人父母的心”就是这些已婚者们自以为绝对正确的东西。

如果只是停留在善意的“多管闲事”的程度倒还好，但是如果他们多次说教无果——也就是未婚者们“不入派”，那么这些“结婚派”就会立刻把这个人当作异类来对待。

我们周围有些宗教不承认其他神明的存在。基督教虽打着“爱你身边的人”的教义，但在历史上十字军却发起了无数次杀戮。

同样，在那些顽固的“结婚派”眼里，未婚者就是异类，于是“结婚派”就会给不结婚的人贴上“不结婚的人就是一个有缺陷的人”的标签。

在公司聚会上已婚前辈对未婚晚辈的调侃已经成了常见现象。不过，如今相关政策法规已经明令禁止拿结婚问题调侃和嘲讽未婚女性了，但是未婚男性被调侃和嘲讽，还没有引起社会足够的重视。即便如此，这种行为也已经明确构成了对未婚男性的骚扰，是一种精神虐待。

## 不结婚的人不能晋升

如果单身骚扰只是停留在调侃别人结婚问题这种干涉个人隐私的程度也就算了，但事实上它的影响力远不止于此，这才是单身骚扰最可怕的地方。“不结婚的人肯定有什么问题”，就这一句话就有可能影响未婚者在职场上的人际关系和晋升。也就是说，他们不仅仅是调侃单身这件事，而是由“这个人是单身”发展为否定这个人的人格，甚至最终导致“因为这个人没有结婚，所以不能晋升”的情况发生。我在面对面采访的时候也听到了好几件这样的事情。特别是四五十岁的未婚男性，有很多人都是因为单身而没能晋升到管理层。

结婚和晋升到底有什么关系呢？也许有人会说“连孩子都没养育过的人，怎么能培养好下属呢”。照顾襁褓中的婴儿和培养已经成年的下属，这两件事真能相提并论吗？

2016年日本职业棒球赛的冠军队伍是北海道日本火腿斗士[①]。这支球队的教练栗山英树（当时55岁）也是单身。正是他带出了中田翔和大谷翔平两位优秀的选手，这是毋庸置疑的事实。而且，如果不是栗山教练，大谷翔平也不可能成为优秀

①北海道日本火腿斗士是一支隶属于日本职业棒球队太平洋联盟的球队，多次拿过日本大赛冠军。

的“二刀流”选手[1]。可见，是否结婚、是否有孩子与事业的成功或是培养下属没有任何关系。

退一万步讲，就算“没养过孩子就不会培养下属”这一歪理真的成立，那么所有抱有这种思想的已婚男性难道就真的有好好地带过自己的孩子吗？想必都是把照顾孩子的事情全部推给妻子了吧。

如果一个已婚男性现在有一个20岁的孩子，那么在生孩子的时候就是1996年。当时公司职员中的家庭主妇率（妻子无业在家）还未超过50%（数据来源于日本总务省劳动力调查）。此外，根据日本总务省2011年社会生活基本调查中关于国民生活时间的调查结果，丈夫一周中平均每天的育儿时间只有5分钟（表2-3），与10年前相比只多了2分钟。在正是教育孩子的35—39岁这个年龄段内，女性教育孩子的时间是1小时19分钟，而男性只有15分钟。可见，无论是过去还是现在，男性们即便是结了婚基本上也不怎么带孩子。

或许有的人会反驳道：“教育孩子和育儿是不一样的！对孩子的教育成果并不能单纯用时间的多少来判定。父亲对孩子的教育有着不可替代的作用。没结婚的人懂什么啊！”对此，我就想用同样的道理反驳：既然你们把在家里教育孩子与在公司培养下属相提并论，但是结婚后又都没怎么教育过孩子，那你们

①“二刀流”词源出自日语，是一种双手持刀发动攻击的武士剑法，借用在棒球上即代表选手同时具有投球与打击两项才能。

**表2-3　不同年龄段男女每周的育儿时间（2001年、2006年、2011年）**

| | 男 | | | | | 女 | | | | | 男女差 |
|---|---|---|---|---|---|---|---|---|---|---|---|
| | 2001年 | 2006年 | 2011年 | 增减 | | 2001年 | 2006年 | 2011年 | 增减 | | |
| | | | | H18—H13 | H23—H18 | | | | H18—H13 | H23—H18 | 2011年 |
| 总数 | 0.03 | 0.04 | 0.05 | 0.01 | 0.01 | 0.22 | 0.22 | 0.23 | 0.00 | 0.01 | −0.18 |
| 10—14岁 | 0.00 | 0.00 | 0.00 | 0.00 | 0.00 | 0.00 | 0.00 | 0.00 | 0.00 | 0.00 | 0.00 |
| 15—19岁 | 0.00 | 0.00 | 0.00 | 0.00 | 0.00 | 0.01 | 0.04 | 0.02 | 0.03 | −0.02 | −0.02 |
| 20—24岁 | 0.01 | 0.01 | 0.01 | 0.00 | 0.00 | 0.17 | 0.16 | 0.17 | −0.01 | −0.01 | −0.16 |
| 25—29岁 | 0.06 | 0.07 | 0.07 | 0.01 | 0.00 | 1.02 | 0.53 | 0.56 | −0.09 | 0.03 | −0.49 |
| 30—34岁 | 0.11 | 0.15 | 0.16 | 0.04 | 0.01 | 1.34 | 1.36 | 1.32 | 0.02 | −0.04 | −1.16 |
| 35—39岁 | 0.10 | 0.13 | 0.15 | 0.03 | 0.02 | 0.59 | 1.11 | 1.19 | 0.12 | 0.08 | −1.04 |
| 40—44岁 | 0.05 | 0.07 | 0.09 | 0.02 | 0.02 | 0.19 | 0.24 | 0.36 | 0.05 | 0.12 | −0.27 |
| 45—49岁 | 0.02 | 0.03 | 0.04 | 0.01 | 0.01 | 0.05 | 0.06 | 0.11 | 0.01 | 0.05 | −0.07 |
| 50—54岁 | 0.01 | 0.01 | 0.02 | 0.00 | 0.01 | 0.04 | 0.04 | 0.04 | 0.00 | 0.00 | −0.02 |
| 55—59岁 | 0.01 | 0.01 | 0.01 | 0.00 | 0.00 | 0.08 | 0.07 | 0.06 | −0.01 | −0.01 | −0.05 |
| 60—64岁 | 0.02 | 0.02 | 0.02 | 0.00 | 0.00 | 0.10 | 0.08 | 0.07 | −0.02 | −0.01 | −0.05 |
| 65—69岁 | 0.02 | 0.02 | 0.03 | 0.00 | 0.01 | 0.05 | 0.06 | 0.05 | 0.01 | −0.01 | −0.02 |
| 70—74岁 | 0.02 | 0.02 | 0.02 | 0.00 | 0.00 | 0.03 | 0.03 | 0.04 | 0.00 | 0.01 | −0.02 |
| 75—79岁 | 0.01 | 0.01 | 0.01 | 0.00 | 0.00 | 0.02 | 0.01 | 0.02 | −0.01 | 0.01 | −0.01 |
| 80—84岁 | 0.00 | 0.01 | 0.01 | 0.01 | 0.00 | 0.01 | 0.01 | 0.01 | 0.00 | 0.00 | 0.00 |
| 85岁以上 | 0.00 | 0.00 | 0.00 | 0.00 | 0.00 | 0.00 | 0.01 | 0.01 | 0.01 | 0.00 | −0.01 |

来源：日本总务省2011年《社会生活基本调查》

怎么能培养好下属呢？这一想法真是荒唐。

将结婚与否和个人的工作能力甚至是薪水直接联系起来，这在很多人看来是“怎么这么愚蠢”“这不可能”的事情。但事实上这种例子非常多，也希望大家能够了解这些现状。

## 日本社会不接受缺乏协作能力和共情能力的人

除了调侃单身者不结婚，对单身男女的“单身骚扰”还包括对单身男女进行排挤性评价。例如评价单身男女“喜欢独处”“不习惯集体行动”等。

典型的单身男、单身女的特点是远离人群，在工作上比起多人的团队合作更愿意单独行动。

从2016年日本“单身男研究项目”调查结果（图2-6）可以看到，回答“更愿意自己单独行动”的单身男性占比64.2%，单身女性占比58.6%，男女占比都是6成左右；而已婚男女只占不到40%。可见，单身男女在工作中确实更偏好个人行动。

看到这个结果大家是不是都很吃惊呢？难道结不了婚的人就真的无法做好团队协作的工作吗？

的确，近年来企业越来越重视团队协作。在求职面试中，比起一个人一个人地面谈，面试官更愿意让求职者们进行团队合作，并以此来评价每个人，看他们在团队中能否发挥协作能

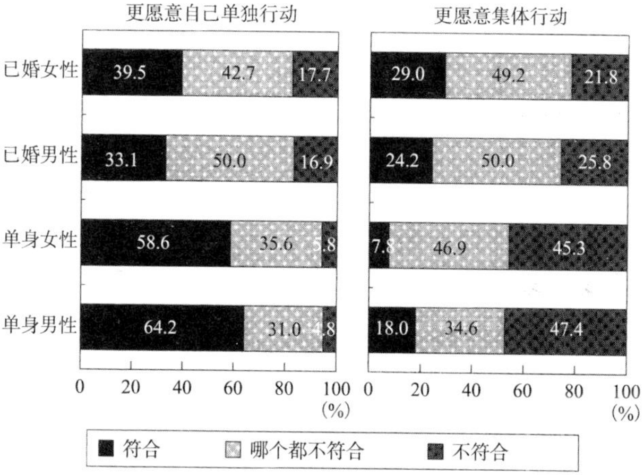


**图2-6　已婚男女和单身男女的行动意愿对比**

来源：2016年日本“单身男研究项目”调查结果

备注：调查对象为20—50岁的男性和女性（n=520）。

力。团队协作最大的优势就是能让团队中的每个人各司其职，高效完成个人工作，而每个人的成果相加后最终就能达到“一加一大于二”的协同效应。

这的确是事实，我对此并没有异议。毕竟一个人能完成多少事，我们心中都有数。一个团队的工作绝对不是靠一个人就能完成的。

既然在企业这种团体组织里工作，我们就不可能是完全独立的个体，而是要以团队的形式完成任务，这是作为社会人应该有的素养。这一道理大家都懂。

但是，组织并不是一个完全统一的生物体，组织是由一个个不同的人构成的，而每个人又都有自己适合做和不适合做的事情。根据不同的工作内容，确实有人是那种自己一个人默默工作更能出成果的类型。虽然每个人都是组织的一员，但是强制他人进行团队协作也是一种职权骚扰。

由于这部分内容偏离本书探讨的话题，因此关于工作中团队协作的功与过我们不作赘述。但是由这种“团队协作全能论”引发的单身骚扰确实存在。那些不习惯团队协作、更愿意单独完成工作的人们，易被大家当作异类排挤，这也是骚扰。

在之前的那次面对面采访的过程中，我听过某家公司的这样一个事例。被骚扰者是一位40岁的未婚男士，这位男士不喜欢与人合作，什么事都愿意自己做也不依赖他人，可以说是典型的单身男。虽说如此，但他的沟通能力并不差，在工作方面也没有消极情绪，但就是不擅长做团队协作工作，也不和大家一起吃饭。无论是上司邀请他喝酒还是打高尔夫球，他都果断拒绝。事实上他自己本来也不打高尔夫球。

这类人在公司里会怎样呢？上司对这种性格的下属应该会很为难。

日本社会的普遍观念是，比起这个人工作能力的强弱，更看重这个人有没有团队协作能力。没有团队协作能力会被视为很严重的问题。尤其是和强势的支配型领导搭档工作，这两类人是完全合不来的。支配型领导的特征是想要彻底排除那些不服从组织规则的人。在上述事例中，这位男士的悲剧就是遇到了这种领导，结果他在公司会被当作异类一样排挤。

渐渐地，上司就不会给他安排工作，甚至不和他说话。然后他所在部门的所有同事开始故意无视他，不久，整个团队都有意识地无视这个人，最终发展成了职场欺凌事件。像这种团体性的孤立行为并不是突然间集中爆发的。同事们会认为这是上司的命令或是迫于周围人都这么做的压力而选择随大流。团队里这些行为一致的同事们其实并没有恶意，但如果他们不听从上司的命令，自己也会被当作组织中的异类对待。人在作为独立的个体时都是很善良的。

据说这位男士受到了团队长达一年半的完全无视，这真是一次强大的团队协作啊！整个团队所做的事和小孩子之间的欺凌没有任何区别，甚至比孩子间的欺凌更加狡猾阴险。

无视不同于身体暴力和语言暴力，无视很难留下物证。即便去上诉，也很难将其认定为客观存在的事实。正因为这样，这种在精神层面上一点一点地将人逼于绝境，才更难解决。这是人最丑陋的行为。

比起让一个人单独待在一个地方的物理性孤立，这种在整个团队中受到排挤的心理上的孤立才是最让人难以承受的。最终这位男士的身体垮了，患上适应障碍症而不得不停职在家。这真是杀人诛心啊。我们经常看到那些因长时间工作导致的过劳死和过劳自杀等令人痛心的新闻，但只要不出人命就不会引起社会的重视，这才是整个社会最异常的地方。事情一旦发生就于事无补了。但愿那些被逼到绝路上的人在作出轻生的决定前去想想办法。当然最重要的是，希望每个人都能够改变自己的意识。

# 第三章　男人们厌婚了吗？

“现在的年轻男人都靠不住”，“他们还不如女人”，“他们都不敢谈恋爱”；这个人是“草食男”①，那个人是“绝食男”②……现在好像有很多人都特别想给年轻男性下定论，说他们“已经远离恋爱了”。甚至有些专家将日本近年来的晚婚化和少子化的责任归咎于年轻人不谈恋爱。

真的是这样吗？

## 男人们失去谈恋爱的能力了吗？

日本国立社会保障与人口问题研究所在2015年实施的第15次出生动向基本调查显示，回答“目前没有正在交往的异性对象”的未婚者当中，男性占比69.8%（2010年调查数据为

①又称草食系男子，是日本作家深泽真纪在2006年创造的流行用语。草食男的特点是对工作、恋爱与人生都很被动。

②日本网络词语，指长期没有女朋友或根本就没有过女朋友的日本男性。

61.4%），女性占比59.1%（2010年调查数据为49.5%），男女人数都比5年前大大增加了。这确实是真实数据。那些认为“年轻人已经远离恋爱了”的人们也是根据这一数据发表言论的，不过，我们还是应该认真分析一下这一数据。

事实上，在这份调查中，“正在交往的异性对象”包括了“异性朋友”，也就是说这69.8%的男性和59.1%的女性当中也包括“没有异性朋友”的人，因此比例才会增加。那么，朋友也算交往对象吗？当然，“交往”的定义很广泛。但谈恋爱的交往是指以男女朋友的身份进行的交往。一方表白，另一方答应，双方都把彼此当作超越朋友范畴的特别重要的人，这才算是谈恋爱。当男士表白后，对方回复说“我们做朋友吧”，那么这基本上就是被拒绝了。退一万步讲，认可“异性朋友也算交往对象”的这种说法，这不是10岁小孩或中学生说的话吗？两个人一直都处于“异性朋友”的阶段，丝毫没有发展为“异性恋人”的苗头，那其中一方不就是“草食系”吗？

我们不禁想再问一次，什么是交往？

所谓交往，是指有男朋友或者女朋友这种“有恋人”的关系。因此，我们应该看的是“有异性恋人（包括有婚约）”的相关数据。让我们来看看包括第15次出生动向基本调查数据在内的几次调查数据（图3-1）。

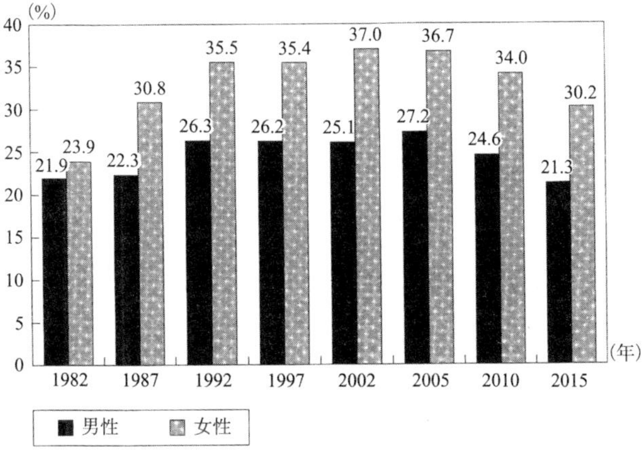


**图3-1 有异性恋人（包括有婚约）的比例**

来源：日本国立社会保障与人口问题研究所1987年《第9次出生动向基本调查》
备注：1982年的数据是笔者根据日本国立社会保障与人口问题研究所第8次出生率调查的结果算出的。

从图中我们可以看出，1982年到2015年，“有异性恋人（包括有婚约）”的男性占比依次是21.9%→22.3%→26.3%→26.2%→25.1%→27.2%→24.6%→21.3%。在中间的几次调查中，这一比例呈短暂上升趋势，但是近年来又回落到1982年时的水平。可以说“有异性恋人（包括有婚约）”的男性占比基本上没有什么变化。女性则是在这几十年间一直在23.9%—37.0%之间波动，在2002年的时候达到最高值37.0%，在2015年时又有所下降，但是比1982年时的占比高。

也就是说，“有男朋友或女朋友的人数比例”从长时间段来看，无论在哪个年代都差不多，几乎都在30%左右浮动。打个比方来说明，如果一个班里有20名男生，那么有女朋友的男生最多也就有6名。这样一看，好像也没那么严重吧。

此外，可能有人会好奇为什么在“有异性恋人（包括有婚约）”的比例上男女有10%的差距？因为这也与未婚男女的人口数量差有关，在20—34岁年龄段的男性人数比女性人数多100万人左右（可参见表1-2）。

无论男性还是女性，他们选择不谈恋爱，并不代表他们没有谈恋爱的能力。但是在那些说年轻人是“草食男”和“绝食男”的50多岁长辈们眼里，这二者并没有什么区别。我们可以看到，无论在哪个年代，有女朋友的男性差不多都只占3成，剩下的7成人是没有女朋友的。

## 男人没有能力做爱了吗？

同样，关于年轻人的性经历相关话题近来也经常出现在很多书籍和报道中。例如，“最近的年轻人连爱都不做了”，“只找一个一起睡觉的灵魂伴侣就能满足”等，都是在故意强调年轻人性欲低。对此，我们也来验证一下其真实情况。我们用历年的出生动向基本调查数据（图3-2）来分析。

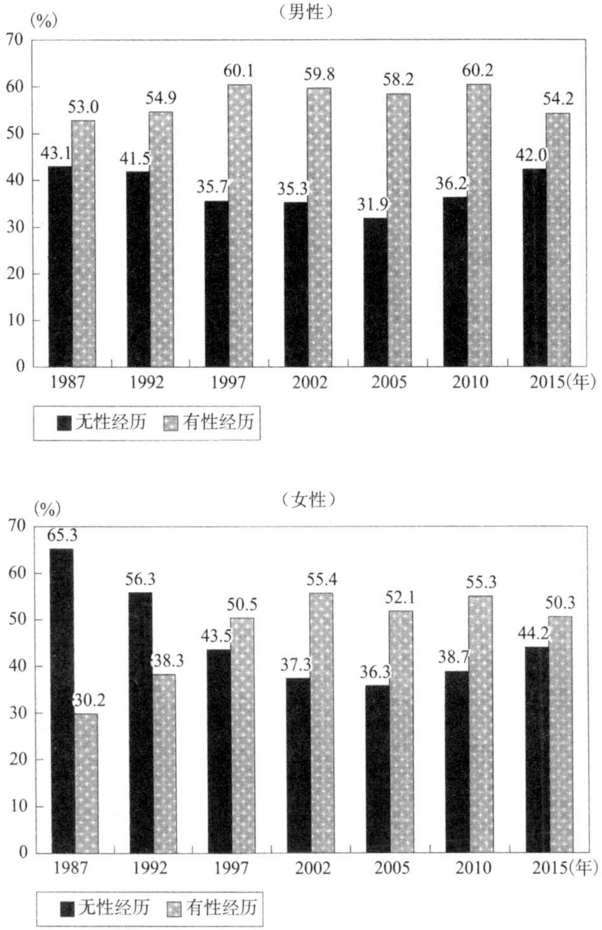


**图3-2 “有性经历的人数”比例变化（18—34岁）**

来源：笔者根据几次《出生动向基本调查》制成

首先我们来看“有性经历的人数”比例。在18—34岁年龄段的男性中，有性经历的男性比例在2015年是54.2%，这一数字远远低于5年前。不过5年前的60.2%也是近几年的最高值，因此，从1987—2015年这一长时间段来看，这一数据并没有特别明显的变化。在2010年，有性经历的男性比例达到了过去一段时间里的最高值，媒体却没有报道这一消息，这也是不可思议的一点。有性经历的女性比例从1997年开始多少有些增减，不过要说基本上都在50%左右，也不是很准确。因为2015年，有性经历的女性比例增加到了1987年的1.7倍。

“无性经历”这项也是一样。从图中可以看出，2005—2015年，没有性经历的男女性比例都呈上升趋势。仅从这一点来看，好像大家确实都变成“草食系”了。但是如果从长时间段来看，与1987年没有性经历的比例相比，男性的比例并没有太大的变化，女性的比例则大幅度下降。可见，1987年的时候，18—34岁年龄段的女性中有65.3%的人依然是处女。对此我感到十分惊讶。

为了更清晰地看出趋势，我们将男女性分年龄段进行比较（图3-3）。我们将调查对象分为几个年龄段，从50多岁（1964—1965年出生的人）到30多岁（1984—1985年出生的人），一共是5个年龄段。我们来看一下这些人随着年龄的增长，其性经历的数据有什么变化。

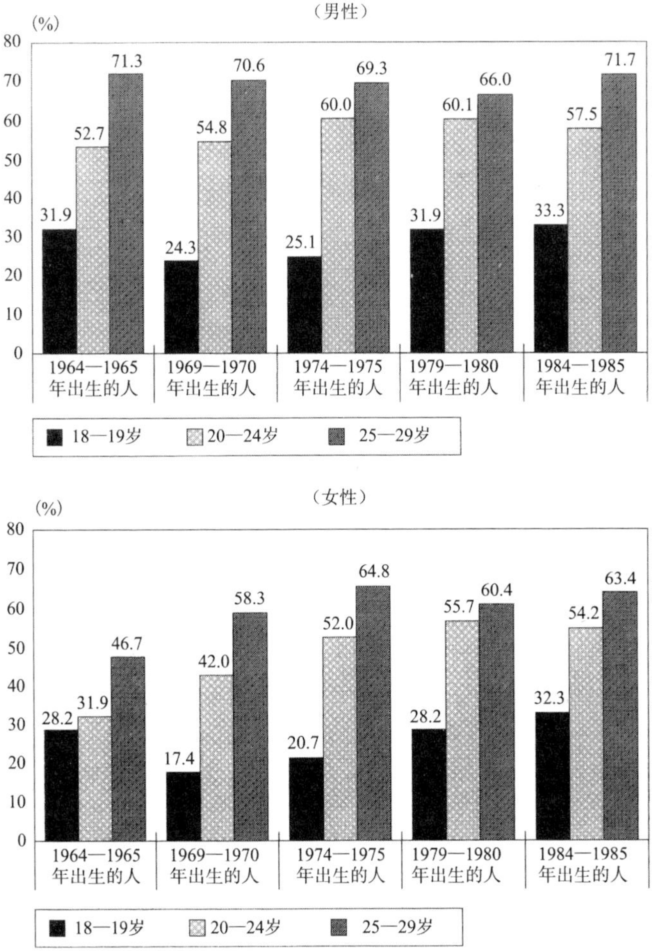


**图3-3　不同年龄段的人在不同岁数有性经历的比例变化**

来源：笔者根据几次《出生动向基本调查》制成

从图中可以看出，现在40多岁的男性在他们十几岁的时候有性经历的是很少的。大家是不是想说，难道他们就是所谓的“草食男”吗？而在25—29岁年龄段时，性经历较少的人群是1979—1980年出生的男性们。这样看来，虽然各个年龄段的男性情况多少有些不平均，但基本上到了30岁，70%的男性还是有过性经历的。我们再来看女性的情况。除了1964—1965年出生的女性，基本上越年轻的女性有性经历的比例越高。

因此，虽说近年来男性或者年轻人对谈恋爱或是性都不怎么感兴趣，但是并不代表他们没有过这些经历。如果我们对现在的年轻人抱有偏见，认为“这代人不像我们那代人一样”，就很容易看错事情的本质。可见，无论是20世纪80年代还是现在，有女朋友的男性差不多一直保持在3成左右，比例上没有太大变化，而且在现在，无论是1964—1965年出生的男性还是年轻小伙子们，在18—19岁这个年龄段中有7成左右的人是没有性经历的。一直保持童子之身的男性无论在哪个年代都会有一定的比例。

## 男人不会表白了吗？

“交往前必须表白吗？”

对于这个问题，无论是已婚还是未婚，只要是女性几乎百分之百的人都会回答“是的”。

2018年日本雅虎做了一项关于表白的意识调查。回答“男生应该表白”的人占比25%，回答“不管男生女生，只要有一方表白就行”的人占比53%，远高于前者。而回答“交往前不需要表白”的人只有22%。也就是说，无论男女，几乎80%的人都认为交往前需要表白。

同样，2014年2月日本综合娱乐网站Mynavi Woman也对此做了一项调查。22—39岁年龄段的男性有44.9%，也就是近一半的人回答“每次都表白”，而回答“每次都不表白”的人只有17.1%。

交往前要先表白的规定到底是从什么时候开始的呢？

至少在我上大学以及刚步入社会的20世纪80年代，“交往前要先表白”的这种规定，我和身边的人都很少听到。初中、高中时期则是另外一种情况。因为如果双方没有性关系，且双方都没有明确表达“我喜欢你”，那么就和普通的异性朋友没有什么区别，那表白这一点是可以理解的。这样说来，我在初中时候也没有女朋友，高中时候又在男校就读，基本上没有交任何桃花运。但是当我们逐渐长大，“首先学会的就是表白的语言”，这种文化是本来就有的吗？

我隐约记得在曾经风靡全球的日本电视剧《东京爱情故事》里，男女主人公完治和莉香之间就没有表白的这一幕。只有女主人公莉香对男主人公完治说了一句经典台词——“我们做爱吧！”

如果我们有喜欢的人，那么我们大致会经历以下步骤：

1. 要联系方式。

2. 约会。

3. 多次约会。

4. 接吻。

5. 做爱。

经过这些步骤，不就证明了双方正在交往吗？当然，肯定也有一些人是在一天内就完成从1到5的步骤，这些人属于“超级肉食系”。

## “交往前要表白”的文化从何而来？

日本搞笑二人组合“隧道二人组”[①]曾主持过一档名叫《相亲红鲸团》的恋爱综艺节目。“极速约会”这一词语就是出自这档综艺节目。每期节目邀请单身男女各10位，并安排他们集体相亲，到活动快要结束时，男士可以走到女士的面前伸出手并鞠躬说一句“请多多关照”，以示表白。这档节目是从1987年开始播出的。

①1980年开始活动的日本搞笑组合。他们主持的综艺节目从1988年播放至今，开创多种新颖的娱乐形式。

那么，进入20世纪90年代之后，“交往前要表白”的文化开始盛行了吗？

20世纪90年代，日本兴起了一款名叫《心跳回忆》[①]的恋爱游戏。游戏设定是要在最终的游戏环节中向女生表白，当女生说“OK”的时候，游戏任务就算完成。随后，1999年日本富士电视台又播出了一档名为《恋爱巴士》[②]的恋爱节目。在节目组制定的规则中有一条就是“必须先表白再交往”。

这些节目都在潜移默化地告诉人们“交往前要表白”。

有一个现象能证明大部分人都认为“交往前要表白”，那就是交往中的女方经常会说“我们要记住交往了多少天的纪念日”。那么我们的男士们会一天一天地记着吗？想必大部分人应该都会忘记。所谓交往的纪念日，当然就是表白的那一天。男人们不仅要在结婚那天表白，在谈恋爱的时候也要认真表白，还必须要把表白的那天当作纪念日牢牢记着。

最近，在一些面向女性群体的网站上，经常能看到类似“近来，不表白就在一起的情侣越来越多了”等这样的报道。可见“交往前要表白”已经是一种恋爱规则。

那么，年轻的男士们真的在交往前认真地表白过吗？在前文中提到的日本综合娱乐网站Mynavi Woman做的调查中，有近

---

①日本科乐美（Konami）公司于1994年5月27日推出的一款恋爱游戏。

②1999年开播的一档恋爱综艺节目。制作单位会招募未婚男女，让其坐上制作单位在当地租用、漆成粉红色的小型巴士，展开旅程。

一半的男性回答“每次都表白”，但这还是无法让人立刻相信。

不同于日本，外国并没有这种“交往前要表白”的文化和规则。要是和外国人说这些，外国人就会不可思议地说：“这是什么奇怪的习惯啊？”可见，“交往前要表白”是日本独有的文化。

## 日本男人与生俱来的被动性格

日本内阁府在2015年公布了《关于少子化社会的国际意识调查报告》。该调查以日本、法国、瑞典、英国这4个国家的20—40多岁年龄段的男性和女性（包括已婚和未婚）为对象，调查这些人“是否会主动接近自己喜欢的人”（图3-4）。

从图中我们可以看到，回答“会主动接近自己喜欢的人”的日本男性有25.9%，法国男性有22.5%，瑞典男性有28.6%，英国男性有22.9%。可见，日本男性并没有那么被动，甚至比法国、英国的男性还主动。反过来，回答“对方如果主动的话就会考虑”的比例中，先不说瑞典男性（因为瑞典的男性和女性都很积极主动，这是他们的国民性），日本男性的比例是29.6%，反而比他们自己主动的比例高。

而日本女性比起自己主动，大部分人都是被动的（回答“对方如果主动的话就会考虑”的比例是45.0%）。也就是说，

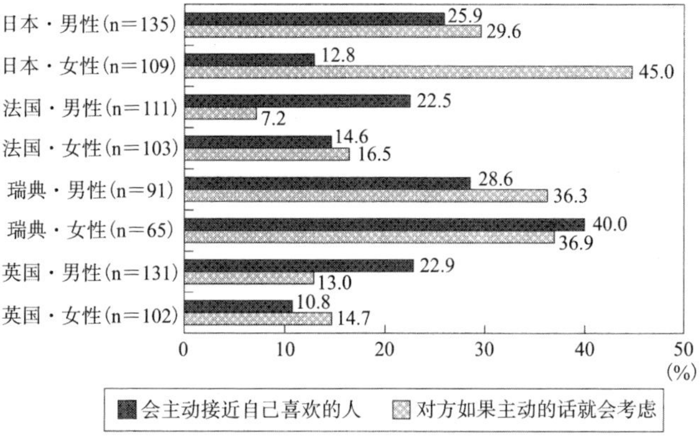


**图3-4 “会主动接近自己喜欢的人”与“对方如果主动的话就会考虑”的人数占比情况（包括尚未结婚或同居的人）**

来源：2015年日本内阁府公布的《关于少子化社会的国际意识调查报告》

备注：调查对象为日本、法国、瑞典、英国的20—40多岁年龄段的男性和女性（包括已婚和未婚）。

在日本，无论是男人还是女人，大部分人都是等着对方先主动的类型。在日本，自己先积极地和异性打招呼的男性，4位男性中只有1位是这样的。这一结果就与前文中提到的男性“有异性恋人（包括有婚约）”的比例是21.3%（图3-1）相互吻合了。男女如果都是被动型选手的话，那他们永远都匹配不上。

由于这项调查没有历年的数据，因此我们也不好判断最近几年这一数据是上升了还是下降了。仅从现有数据看，之前在Mynavi Woman的那项调查中有近一半男性回答“每次都表白”的这一组数据，并不能盲目相信。事实上，只有大约25%的男性会选择表白。

看到这一结果，想必最高兴的就是那些整天把“现在的年轻人”这种话挂在嘴边的50多岁男人们。甚至，他们还会嘲讽道“现在的年轻人真是不争气啊”，并自吹自擂：“想当年我们年轻的时候，根本不害怕被拒绝，就是有那股一不做二不休的劲儿!”毕竟我们没办法和谁求证，因此也不能说什么。明明大家什么也没问，他们却偏偏要以老一辈人的口吻讲起“我年轻的时候”的“英雄故事”。这种情况下的故事大部分都是假的。这种现象无论是现在还是过去都一直有。

“交往前要表白”并不是一个被大众广泛认知的原则，事实上是女性对男性的一种期望。她们认为“男性应该主动表白”，但并不是所有男性都能够很好地做到这一点，这也是事实。仔细想来，或许明治时代、大正时代的情书或是平安时代的和歌也算是一种表白方式。让人感到吃惊的是，“男性应该表白”的原则在《古事记》[①]中就有记载：

伊邪那岐[②]和伊邪那美[③]收到天神的命令要创造一片国土。但是二人并不知道应该怎么办。

有一天，伊邪那美说：

---

①日本和铜四年（711），元明天皇命太安万侣编撰的日本古代史，是日本最早的历史书籍，全书采用汉字写成。

②日本神话中的父神，其妻是其妹伊邪那美。

③日本神话中的母神，日本诸神是她与其兄伊邪那岐所生。

“我的身体都已长成，但有一处未合。”

听罢此话，伊邪那岐说道：

“我的身体都已长成，但有一处多余。”

也就是说，伊邪那美的身体有一处是凹陷的，相反，伊邪那岐的身体有一处是突出来的，体现了男女之间的身体差异。那么，将一个人身上欠缺的部位和另一个人身上多余的部位合为一体，就创造出了一片国土。日本的古代神话将人类本能讲出了一定的逻辑，十分有趣。

不过，如果直接进行生理上的结合难免有些纡尊降贵，因此两位神灵决定举行一场结婚仪式。虽说是结婚仪式，其实是比较简单，那就是二人共同走到神柱前，背对背站着围着神柱转，伊邪那岐从左边转，伊邪那美从右边转，并约定在二人相遇时就表白。真是一个浪漫的仪式。但是当二人相遇时，伊邪那岐可能因为紧张或是害羞，没能说出表白的话。于是，伊邪那美便先说道：

“哎呀，真是一个好男子！”

随后伊邪那岐才说：

“哎呀，真是一个好女子！”

可以说这就是日本最早的求婚用语，不过先表白的一方是女性。

二人在正式结婚后便顺理成章地结合了，但是，生出的孩子却是个水蛭子[1]。二人再次尝试后又生出了一个像泡泡一样的孩子，总之生出来的都是畸形儿。

为什么就是生不出正常健全的孩子呢?

百思不得其解的伊邪那岐和伊邪那美就去找天神询问。如果将天神的回复翻译成现代表达，那就是：

“难道是伊邪那美先表白的吗？那可不吉利。必须是身为男子的伊邪那岐先表白。”

于是二人回去后又绕着神柱走。这一次，二人相遇后严守天神说的规则，由伊邪那岐先表白。之后二人便生下了健康的孩子，也就是日本最初的国土，现在称淡路岛。

可见，从《古事记》的那个时代开始，日本的男人就不善于表白，甚至连《古事记》里都明确记载“男人应该先表白”，这也有可能从侧面说明了日本女性自古以来就比较主动。这则神话故事也就形成了一种警告，告诉大家“女子先表白会不吉利”。

不擅长表白的绝对不只有伊邪那岐一个人，更何况伊邪那岐还是古代的神。因此我们现代人更没必要因为不善于表白而烦恼和自卑。

①指骨骼发育不全的胎儿。

## 男人是因为没钱才结不了婚吗？

“越来越多的男人结不了婚是因为年轻一代人的工资低，因为贫困而选择不结婚。”

最近这种认知好像越来越被大众所认可。似乎对于现在的年轻人而言，结婚已经成了消费不起的奢侈品。

确实，男性的年收入越低其未婚率就越高，而且正式员工和非正式员工相比，显然男性非正式员工的未婚率更高，这一点已经在上一章中分析过。日本总务省2012年《就业结构基本调查》显示，根据雇佣类型的不同，处于35—39岁年龄段且大学毕业的男性中，正式员工[①]的未婚率为25%，派遣员工[②]、合同员工[③]的未婚率为67%，打零工男性的未婚率为86%。可见，35岁以上还未婚的男性大多是非正式员工或打零工的人。

在一些婚恋网站上，我们经常能看到一些攻击男性的言论，比如“作为一个男人，这点年收入都没有怎么能结婚呢”。听说有些男士好不容易鼓起勇气去婚恋介绍所，却因为年收入

---

①指与所在企业签订无固定期限劳动合同的员工。

②指公司和劳务公司签订劳务合同，而职员和劳务公司签订劳动合同，然后被劳务公司派遣到公司上班的职员。

③指与所在企业签订有固定期限劳动合同的员工。

低被拒绝注册。真是残酷啊，难道男人的价值就只取决于年收入吗？

我在面对面采访中也听到过有一些男士说不结婚的原因是没钱。若是刨根问底地追问下去，大部分人都会难为情地辩白几句就结束话题。

当然了，如果真的没钱的话，生存问题就够让人累了，根本不会想恋爱结婚的事了。要生存就得吃饭，因此就不得不把钱花在吃饭上。连吃饭都勉强维持，那自然不会有恋爱结婚的心思了。但是如果把艰难维持生计的人增多和未婚率的上升混为一谈，就会很难看清事情的本质。因为连吃饭都困难的贫困人口不论哪个年代都一直有，他们原本也不是可能结婚的人群。

根据日本总务省2012年《就业结构基本调查》，将不同年龄段、不同年收入的已婚者和未婚者分别用柱状图表示（图3-5）。

从图中可以看出，20岁年龄段的人群中，未婚者大多集中在年收入低的人群。但是如今这个年代，本来国民的平均初婚年龄就超过了30岁，男性在20来岁结婚的人本来就很少。无论是过去还是现在，大部分人在20来岁时都是低收入人群。

在30岁年龄段的人群中，年收入一到300万日元，已婚者人数一下就上升了，40岁年龄段的情况也同样如此。可见，已婚男性都是在年收入接近300万日元时结婚的。

此外，在年收入未满300万日元的人群中，已婚者人数和未婚者人数也没有那么大的差距。在这些人当中，30岁的年龄

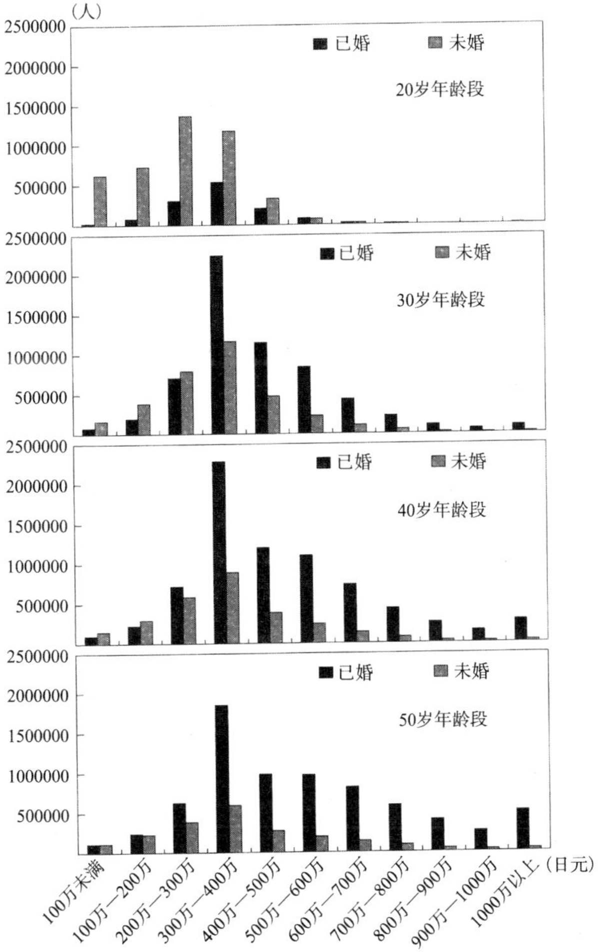


**图3-5　不同年龄段、不同年收入、已婚与未婚男性的分布情况（有工作的男性）**

来源：日本总务省2012年《就业结构基本调查》

段里依然有98万人已婚，40岁年龄段里也有103万人已婚。

从图中我们还可以看出，未婚者人数和已婚者人数并没有因为年收入的差距而有特别明显的差别。可见，能结婚的男人与年收入的多少并没有多大的关系。而那些结不了婚的男人因为不想承认是自身原因导致的未婚，就归咎于年收入低。反过来，即使年收入高也未必一定能结婚。

针对这一情况，我经常用“远离汽车现象”[①]来打比方。

虽然现在的日本人逐渐开始远离汽车，但是对于那些住在乡下的人而言，汽车依然是必需品，因此即使没钱也会买车。但是对于住在城市里的人而言，即使没有车也能便利地生活。尤其是考虑到汽车保养费这些可能会造成浪费的支出，很多人就会选择不买车。如今的时代已经不是那个人人有车的年代了，现在即便没车也不会觉得不好意思。如今，即便开好车也不见得就一定能受人欢迎和尊敬。对于现代人而言，即使有能力买车，如果不喜欢车也不会去买。结婚不也是这个道理吗？

以年轻人为代表，男性的贫困和就业类型的不稳定确实在一定程度上会导致日本人的未婚化和非婚化现象。这一点不可否认。但是这也不是日本人不结婚的唯一原因。我们要注意的不仅仅是眼睛看到的客观情况，也应该关注男性对待婚姻的心态变化。

---

①指进入21世纪以后，日本年轻人不想买车、对车没有兴趣的现象。

## 男人不管到了什么年纪都喜欢年轻女性的原因

想必大家都知道40岁年龄段男性的初婚率一直都在上升。很多人都说未婚人士一过了40岁，基本上也就不会选择结婚了，但事实绝非如此。

从表3-1日本厚生劳动省2014年《人口动态统计》可以看出，在40岁年龄段的男性中，夫妇二人都是初婚的婚姻数在1947年时候仅有2629件，但到了2014年则达到35071件，增加了12倍多。同时，20岁年龄段男性的婚姻数减少了近一半，仅凭这一数据就可以看出日本男性的晚婚倾向。

**表3-1 不同年龄段夫妇二人均为初婚的婚姻数比较**

| 男性 | 1947年 | 2014年 | 和2014年相比 |
|---|---|---|---|
| 20岁年龄段 | 358216 | 212746 | 0.59 |
| 30岁年龄段 | 51242 | 172401 | 3.36 |
| 40岁年龄段 | 2629 | 35071 | 13.34 |
| 50岁年龄段 | 531 | 4030 | 7.59 |
| 女性 | 1947年 | 2014年 | 和2014年相比 |
| 20岁年龄段 | 339608 | 262106 | 0.77 |
| 30岁年龄段 | 12511 | 151897 | 12.14 |
| 40岁年龄段 | 1403 | 18467 | 13.16 |
| 50岁年龄段 | 315 | 1324 | 4.20 |

来源：笔者根据日本厚生劳动省2014年《人口动态统计》制成

那么，这增长了12倍多的“大叔初婚者们”到底是和谁结婚了呢？答案就是20来岁的女性们。

人们经常说“男人不管到了什么年纪，都喜欢年轻的女人”“榻榻米和老婆都是新的好”。喜欢年轻女性的心理，同为男人的我也不是不能理解，甚至十分理解。但是当大家看到大叔们挽着年轻女子走在街上，就会说“肯定是不正当关系”。

在2010年的出生动向基本调查中有一组关于夫妇关系的调查数据。该调查结果显示，合法夫妻的平均年龄差是1.7岁，男性的年龄偏大一些。当时媒体都报道一些年龄差较大的婚姻现象，但事实上结婚的夫妇都是处于一个年龄段的人。

如果不看实际情况，大家的真实心愿是什么呢？在2010年的出生动向基本调查中有一项对单身人士的调查，询问他们“自己想结婚的年龄”和“希望对方多大年龄”。我们将这两个问题的结果合并，并将男女按照不同年龄段来分，看他们想要找与自己有多大年龄差的人结婚。图3-6就是将自己想结婚的年龄与自己希望与对方的年龄差平均后算出来的图表。

从图中我们可以看出，各个年龄段的女性希望找平均比自己大1.06岁的男性。而男性则想找比自己小5.52岁的女性。按年龄段分的话，40—44岁的男性想找比自己小8.56岁的女性，而到了45岁以后，则想找比自己小9.43岁的女性。如果只看34岁以下年龄段的数据，我们可以算出这3个年龄段的男性平均想找比自己小2.8岁的女性，女性则想找比自己大2.0岁的男

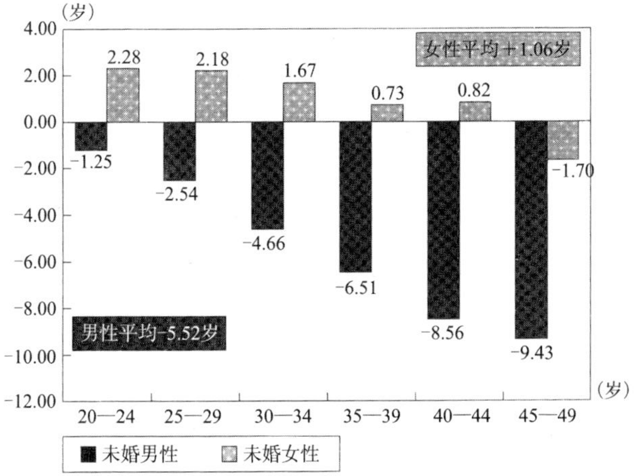


**图3-6 未婚男女期望的另一半与自己的年龄差**

来源：笔者根据日本2010年《第14次出生动向基本调查》中，关于“自己想结婚的年龄”和“希望对方多大年龄”的数据制成

性。可见，35岁以上的男人是多么希望找到一位年轻女性作为结婚对象。甚至有个别47岁的大叔想找19岁的女子。不过，说到底这一调查的前提是自己的愿望，因此回答什么也是个人自由。

从总体来看，女性都想找比自己稍微大些的男性作为结婚对象，但是45岁以上的女性反而想找比自己小的男性。此外，29—31岁左右的女性也表示“50岁的男人也可以接受”。

事实上，日本也有20多岁年龄差的婚姻。但是总体上看，日本国民对与结婚对象理想年龄差的平均期望值是“男性想找比自己小5岁多的女性”和“女性想找比自己大1岁多的男性”。

这也体现出了男女之间微妙的差别。

不过，现实情况是男女差不多都和与自己相近年龄的对象结婚了。因此，这一现实情况就符合了女性所期望的男方比女方稍大一些的理想年龄差。而那些一直想要找年轻女性的大叔们才最有可能终身未婚。这真是自作自受。

其实，那些未婚大叔们想要找年轻女性的心情和买彩票的心态有点类似。

比如，A彩票是花了100日元肯定会中10日元，B彩票同样也是花100日元，但是有1%的概率能中1000日元，但是如果没中就1日元都没有。那么，大家会选哪个彩票呢?

我想大部分人都会选B。虽然大概率是中不了，但比起能够得到10日元，“万一中了呢”的这种期待报酬的心理会驱使人们选择B。这就是买彩票的人的心理。

那么，如果把100日元翻1万倍，换成100万日元呢？同样，中奖额也翻1万倍。

确实，如果运气好中奖的话就能得到1000万日元，但是更有可能的是手里的100万日元也没有了。这样一来，人们就会因为担心它的风险而不选B。总的来说就是会更多考虑风险。投入的成本一旦变高，不想失去成本的心理就会战胜想要冒险的心理，这是人之常情。

那么我们把这一心理套在结婚问题上来看一下。[①]

假设有一位特别渴望结婚的大叔。迄今为止，他参加过联谊活动、相亲派对，也相过亲，总之就是做了很多努力但还是没能结婚，可以说是一个没有什么人缘的大叔。我们假设他已经没有什么犹豫的时间了，如果不立刻作出决定他就会孤独终老。这时摆在他面前的有A和B两个人选。A是一位上了年纪也不怎么可爱的女人，但只要大叔说可以的话就能够结婚。B是一位年轻有活力又可爱的女人，但是追求她的人很多，可以说大叔有很多竞争者，且如果大叔向这位女子求婚，他被拒绝的可能性很大。那么大叔会选哪个人呢?

按常理来说，一般人都会选择A，因为A是很有把握能够答应的人。对于结婚而言，年轻、可爱这些都不是必要的东西。

但是，这位大叔选择了B。当然，他被果断拒绝了，最终孤独终老。像A这样对大叔而言非常合适的人以后也不会再有了。

但大叔为什么还要那样选择呢?

这一问题曾在某个针对猴子的实验中得到过证实。肯定能得到少量水果的A与可能会得到大量水果或者什么也得不到的B，供猴子们选择。而不管实验人员把B的概率降得多低，猴子们始终会选择B。这是2005年美国杜克大学Platz博士所做的一项实验。

难道猴子没有风险意识吗？并不是。猴子的大脑有一处叫

①下文中为了让比喻更加通俗易懂，举例略显不当，请多见谅。——作者注

作后扣带回皮层（Posterior cingulate cortex）的神经细胞，是能够感知风险的。也就是说，猴子们明知有风险也依然选择B。

我们再回到大叔的话题上。对于大叔而言，选择B的风险大叔心知肚明。但是比起确切的回报，冒险后有可能实现美好的愿望更有吸引力。如果是涉及钱的话还能冷静思考作出合理的判断，但是在恋爱结婚这种事上就没什么理智了。然后大叔就会不停地犯同样的错误。即使是这样，大叔也不会反省，还会逞强说“起码让我实现了一个美好的梦”。这就是那些一直结不了婚，最终孤独终老的男人们的特征。

不过，或许也可以这么说，那些不选择有确切回报的A的男人，可能根本就没有结婚的意思。也就是说，那些只想找年轻女性的男人本来也没有结婚的打算。

那些想找比自己年轻的女性作为结婚对象的男人们最终发展成终身未婚，可以说这都是作茧自缚。可能这就是他们根据人的本能意识所做的主动选择。

这一道理也同样适用于女性。如果不那么在意对方的年收入，可能也就不至于过了适婚年龄依然单身了。

## 如何分辨不结婚的男人?

某位女性在其推特上发表了以下一段文字：

闺蜜的男朋友对她说自己不想结婚。既然负不起责任，当初就不要招惹过了30岁的女人。女人可是有保质期的！

这不是说她本人，而是为她的朋友打抱不平。过了30岁，又被交往了好久的男人说“没有结婚的打算”，真是可气。

这位女性的愤怒是理所当然的，但是这种可怜的故事也很常见。

例如，一位33岁女性与其男友交往了5年，结果男友没有结婚的打算，就对她说了分手；有一位37岁的女性，与男友交往7年，依然没有收到其40岁男友的求婚，就生气了，于是这位女子向她男友求婚，但其男友却说“我不想结婚，还想维持目前的关系”，还说出一些莫名其妙的理由。类似这样的例子数不胜数，基本上都是已经过了30岁且觉得自己已经快过了生育年龄的女性们。

确实有的男人只想谈恋爱不想结婚。对于那些认为恋爱的结果就是结婚的女人们而言，这样的男人是难以理解的。但是，确实存在这样的男人。在这一点上，女性没有错。因为这样的男人根本就不想结婚。

正如第一章中的数据显示，30岁年龄段的男性中有一半人都有晚婚倾向。即便如此，这一半的不婚主义者中还是有25%的人最终有可能会结婚。但是，这部分人结婚也可能是在其40岁或50岁的时候，30来岁的时候可能就没有结婚的打算。

那么，既然有一些男人是不结婚的，那些想结婚的女人们就应该从一开始就远离这种男人，因为无论与他们交往多久，最终也不会结婚。这是一群本来就不该被当作结婚对象的人。相亲也是一门销售学问，把给十几岁孩子玩的玩具卖给老人们，这是不可能的事，恋爱结婚也是一样的道理。

那么，如何分辨这样的男人呢？

下面是一张测试男性是否想结婚的测试表。有需要的读者可以用来测试一下周围的男性。

**表3-2　不婚主义男人测试表**

| | 提问 | 回答 |
|---|---|---|
| ① | 不想被束缚 | |
| ② | 想有独处的时间 | |
| ③ | 有任何问题，首先想到的是自己应该怎么办 | |
| ④ | 喜欢穿素色的衣服 | |
| ⑤ | 基本上没有自拍照片 | |
| ⑥ | 喜欢小点心 | |
| ⑦ | 喜欢朴素的干净 | |
| ⑧ | 性格上有很固执的地方 | |
| ⑨ | 不怎么听别人说话 | |
| ⑩ | 很多时候言行不一致 | |
| ⑪ | 喜欢工作 | |
| ⑫ | 不喜欢和人发牢骚 | |

备注：1. 12个特点中，如果占了8个以上，那就基本可以确定是单身男了，建议想结婚的女性最好不要接近这些人。2. 12个特点中只占3个（包括3个）的话，说明这个男人有成为好丈夫、好父亲的潜质。3. 但是，即便是12个特点中只占少数，而①②③全中的话，也可以判断为是一个单身男，建议想结婚的女性不要与这类人交往。

# 第四章　结婚后又回到单身的人

“不结婚就等着孤独死吧！”类似这样的话我们经常能听到。确实如此，既然一辈子单身，那离开人世的时候也肯定就是一个人。当这些单身者上了年纪以后，可能会发生突然的脑出血或是心脏病，在谁都不知道，甚至还没来得及叫救护车的时候就离开人世。这一点不可否认。

话虽如此，但是结了婚难道就能保证不会孤独死吗？本章将对结婚后又回归单身的可能性和风险进行详细分析。

## 孤独的老龄单身女性

根据日本内阁府发布的2016年版《老龄社会白皮书》，日本国内65岁以上老年人总数已达到3392万人，占总人口1.2711亿人的26.7%，也就是说，日本的老龄化率已达到26.7%。从性别来看，65岁以上老年人当中，男性有1466万人，女性有1926万人，性别比（每100位女性所对应的男性数量）为

76.1，男性与女性的比例为3∶4。但是，媒体主要报道的都是整个老龄化社会的相关问题，对于老龄单身人口持续增多的老龄单身社会问题却很少提及。

在书中我多次提到，到了2035年日本的单身人口将达到4800万人。到那时，15岁以上的人几乎有一半都是单身，尤其是老龄单身人口的增加将越发严重。据估计，2035年日本的老年人口当中，男性约为497万人，女性约为1179万人，女性老年人口将是男性的2.4倍。

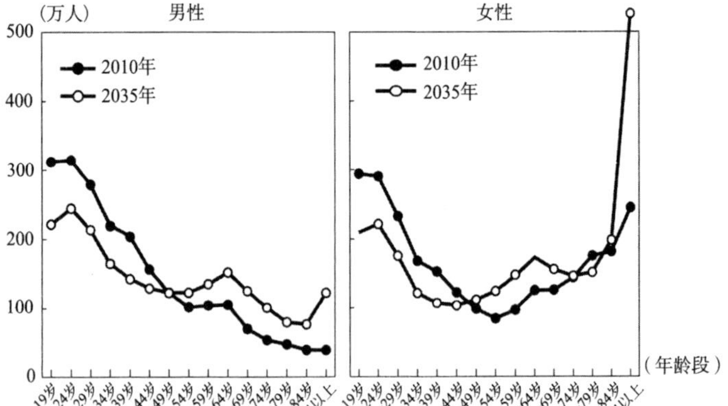


**图4-1　不同年龄段独自生活（未婚＋离婚丧偶）的男女人数估算**

来源：日本国立社会保障与人口问题研究所《日本家庭数未来估算》(2013年1月)

尤其是85岁以上的单身者正在急速增加。据估计，85岁以上的单身女性将突破500万人（图4-1）。这是因为很多女性在丧偶后都是自己一个人生活。本来日本很多婚姻就是男大女小的模式，加上女性的平均寿命要高于男性，所以，出现这种情况也是理所当然的。即便结了婚，很多女性到最后还是会回到一个人生活的单身状态。

夫妻双方不可能同时离世，总有一个人会先走，因此即便结婚了，最后剩下的一方还是会一个人生活。即便有了儿孙，只要不和亲人们生活在一起，他们的状态就和终身未婚的人到了晚年独自生活的状态一样。

未来，日本的年金已经支撑不了国民的生活，所以我们每个人都不得不认真思考，当另一半离世后，自己应该怎样生活。事实上已经有一些女性在思考这一问题并付诸实践了。

如今日本女性的平均寿命是87岁，迟早会达到90岁。如果将这90年分成3部分的话，大概是结婚之前的30年，养育孩子的30年，老年生活30年。假如夫妻双方能携手到老，大概率也是丈夫先离世，这样一来，妻子在步入老年生活的15—20年的这段时间，就必须一个人生活。这样考虑的话，很多妻子在步入60岁时选择“熟年离婚”，也不见得就是下策。

## 每3对夫妻就有1对离婚的时代

日本厚生劳动省发布的2015年《人口动态统计月报年计（概要）》（图4-2）显示，2015年日本全国结婚登记数是63.5096

万件，比上年减少了8653件，达到二战后的最低值。在如今这个未婚化、晚婚化、非婚化成为人们热议话题的时代，这一结果人们也都能够理解，不过即便如此，每年依然有63万对恋人选择结婚。

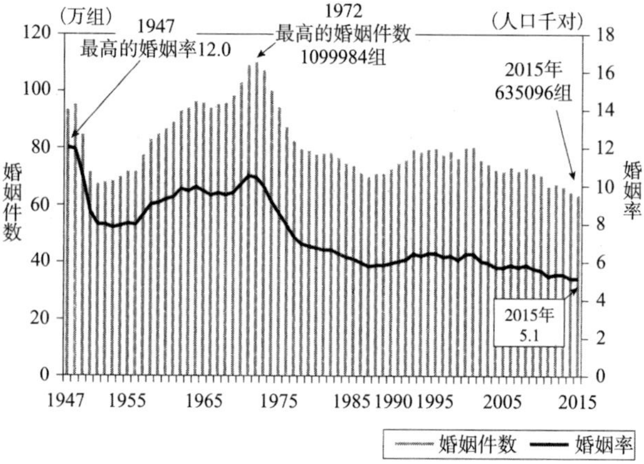


**图4-2　不同年份婚姻件数和婚姻率的变化**

来源：日本厚生劳动省2015年《人口动态统计月报年计（概要）》

虽说是二战后的最低值，但是从图4-2中可以看出，进入平成时代后，日本的结婚登记数虽然在持续下降，变化曲线却比较平稳。这是因为处于适婚年龄的年轻人数量本身就在减少，因此，与其说结婚登记数保持着平稳状态，倒不如说是在逐渐回升。我们从每千人平均的结婚率来看，2003年日本每千人平均的结婚率是5.9，之后的10年一直保持在5左右，到2015

年也还是5.1的水平。

难道是应对少子化政策的相亲活动奏效了吗？答案绝非如此。

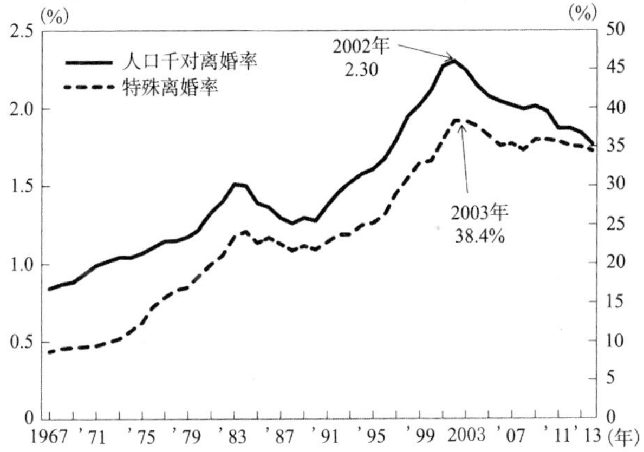


**图4-3　离婚率的变化**

来源：日本厚生劳动省2014年《人口动态统计》

2002年，日本的离婚登记数达到最高值，为28.9836万件（每千人离婚率为2.30），近几年略有减少，但是2015年依然有22.6198万件（每千人离婚率为1.77），与二战前日本离婚率最低值相比，上升到3倍。根据日本总务省统计局公布的《世界统计2014》，日本每千人离婚率为1.8，这一数值在世界范围内排第36位，属于中等水平；排在第1位的是俄罗斯，其每千人离婚率为4.7（2011年）；美国的每千人离婚率为2.8（2011年），排在第5位；亚洲国家中每千人离婚率最高的国家是韩国，为2.3，排在第17位。

接着，我们再来看特殊离婚率（离婚登记数除以结婚登记数）。从图4-3可以看出，2011年以后日本的特殊离婚率一直保持在35%左右，媒体经常报道的“每3对夫妻中就有1对离婚”的新闻应该就是从这一数据来的。

或许有人会说，虽然日本的离婚率在上升，但也只不过是欧美国家的一半而已。其实，人们不知道的是，日本原本就是一个“离婚大国”。

根据日本内阁府统计局《帝国统计年鉴》，1883年日本的每千人离婚率为3.38，几乎是现在的1倍，与现在离婚率世界第一的俄罗斯一样，当时日本的离婚率高居世界第一。

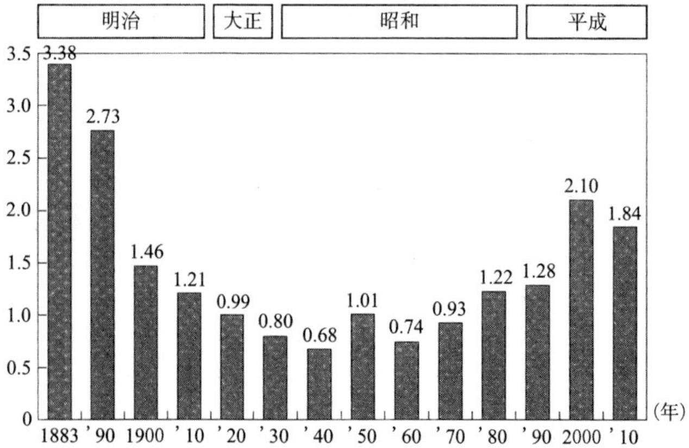


**图4-4 一般离婚率（每千对夫妇中的离婚率）的长期变化**

来源：1883年、1890年的数据源自日本内阁府统计局《帝国统计年鉴》，1900年以后的数据源自日本厚生劳动省《人口动态统计》，1972年以前数据不包括冲绳县

明治时期的日本，其离婚率高是有一些时代原因的。《明治时期的结婚与离婚：家庭内男女差异的原点》（角川选书）的作者汤泽雍彦将这些原因归纳为以下几点。明治时期，很多人离婚是因为婆婆把媳妇赶出家门，因为婆婆认为“你不配做我们家的媳妇”。本来离婚也不需要明确的理由，而且离婚的手续也比较简单，甚至在一些地方离婚是不需要申报的。因此，明治时期的高离婚率与当时过于宽松的社会环境有关。此外，百姓们自己也没有“必须要将婚姻维持一辈子”的意识，如果不合适了随时都可以分开，大家都认为能够长期维持婚姻的情况本来就是少数。在当时的日本社会，无论是哪个阶层的人，好像都抱有这种想法。实际上这是江户时代日本人的意识，当时的日本，明治维新才刚刚开始，百姓的意识还停留在江户时代。关于江户时代百姓们的自由恋爱观和结婚观将在后文中论述。

那么，是什么契机让一个“离婚大国”的离婚率开始骤降的呢？

那就是日本在1898年实施的《明治民法》。《明治民法》的最大特征就是“家族制度”。明治维新前，日本女性在结婚后是不需要改姓的。女性要在婚后冠以夫姓，这条规定出于《明治民法》。此外，《明治民法》对继承权也作了明确规定，提出了“家督继承制度”，规定只有嫡长子才能继承户主的地位以及全部财产。于是，妻子在某种程度上就成了一种让“家族”存续下去的“机制”，离婚也就被限制了。《明治民法》提出的“家族制度”很大程度上影响了日本人的家族意识和性规范，江户时代以来的那种开放的性观念和结婚观开始转变，人们将坚守贞操和贤妻良母视为最正面的女性品质。

此外，《明治民法》对于离婚的程序也有了明确规定。之前那种对离婚行为“睁一只眼、闭一只眼”的应对方式行不通了，法律上已经不允许人们随便离婚，比如婆婆想要将儿媳赶出家门就违反规定。同时，根据户籍法的要求，离婚需要提出申请，日本政府以户籍管理为由，对离婚进行了严格控制。

日本人在离婚后，其户口本副本上的配偶一栏上会有一个×号，也是从这时候开始的。

总之，《明治民法》的效果非常显著，实施的当年，日本的离婚登记数就比上年减少了20%，实施的第二年减少了30%，离婚登记数比实施前减少了近一半。一直到1943年前，日本的离婚登记数一直呈逐年下降的趋势（图4–4）。

那么，从各都道府县来看，日本哪个地方的离婚率最高呢？如表4–1所示，日本厚生劳动省2014年《人口动态统计》显示，离婚率最高的是冲绳县（2.53），宫崎县和大阪县紧随其后，整体来看，西日本的离婚率更高些；东京的离婚率为1.81，排在全国第9位，基本上和全国平均水平持平。接着我们再来看离婚率低的地区，富山县的离婚率较低（1.34），此外还有新潟县、岛根县、秋田县、岩手县以及福井县等也是离婚率较低的县。不知为何这些容易发生暴雪灾害的地方，离婚率都比较低。

**表4-1 各都道府县的离婚率排名**

| 名次 | 县 | 离婚率 | 名次 | 县 | 离婚率 | 名次 | 县 | 离婚率 |
|---|---|---|---|---|---|---|---|---|
| 1 | 冲绳 | 2.53 | 17 | 千叶 | 1.74 | 33 | 福岛 | 1.64 |
| 2 | 宫崎 | 2.07 | 18 | 京都 | 1.74 | 34 | 奈良 | 1.63 |
| 3 | 大阪 | 2.06 | 19 | 熊本 | 1.74 | 35 | 山口 | 1.62 |
| 4 | 北海道 | 2.04 | 20 | 三重 | 1.73 | 36 | 滋贺 | 1.60 |
| 5 | 和歌山 | 1.98 | 21 | 广岛 | 1.73 | 37 | 佐贺 | 1.59 |
| 6 | 福冈 | 1.98 | 22 | 爱媛 | 1.73 | 38 | 岐阜 | 1.58 |
| 7 | 高知 | 1.86 | 23 | 茨城 | 1.72 | 39 | 长野 | 1.57 |
| 8 | 鹿儿岛 | 1.82 | 24 | 大分 | 1.72 | 40 | 石川 | 1.49 |
| 9 | 东京 | 1.81 | 25 | 群马 | 1.71 | 41 | 山形 | 1.48 |
| 10 | 鸟取 | 1.80 | 26 | 栃木 | 1.70 | 42 | 福井 | 1.46 |
| 11 | 神奈川 | 1.78 | 27 | 山梨 | 1.69 | 43 | 岩手 | 1.45 |
| 12 | 静冈 | 1.76 | 28 | 冈山 | 1.68 | 44 | 秋田 | 1.40 |
| 13 | 兵库 | 1.76 | 29 | 长崎 | 1.68 | 45 | 岛根 | 1.40 |
| 14 | 香川 | 1.76 | 30 | 青森 | 1.67 | 46 | 新潟 | 1.38 |
| 15 | 埼玉 | 1.75 | 31 | 德岛 | 1.67 | 47 | 富山 | 1.34 |
| 16 | 爱知 | 1.75 | 32 | 宫城 | 1.65 | | | |

来源：日本厚生劳动省2014年《人口动态统计》

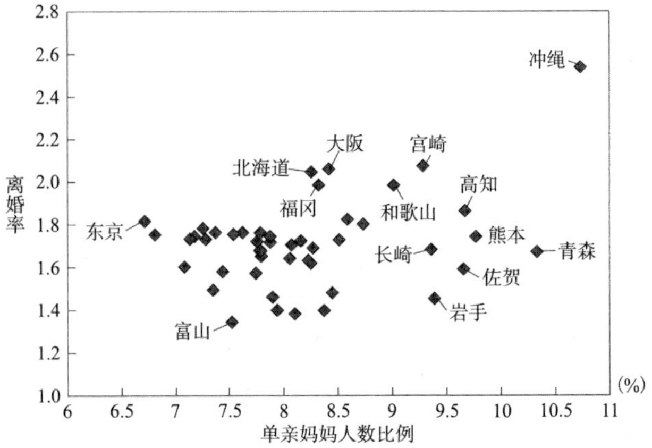


**图4–5　各都道府县的离婚率和单亲妈妈率的相关性**

来源：单亲妈妈率来自2015年日本《国情调查速报》中“单亲妈妈家庭的比例”，离婚率来自日本厚生劳动省2014年《人口动态统计》

同时，离婚率最高的冲绳县，其单亲妈妈率也最高。从离婚率和单亲妈妈率的相关性一图（图4–5）可以看出，只有冲绳县最显眼。此外，像青森县、岩手县等东北地区以及熊本县、佐贺县等九州地区，其离婚率较低，但单亲妈妈率很高，而单亲妈妈人数比例较低的地区是东京。

## 不断增多的“熟年离婚”

从共同生活的年数来看离婚率，离婚登记数最高的时期是在共同生活5年以内，2015年共同生活5年以内的离婚数占总离婚数的33.7%（表4-2）。但是，二战后不久的1947年，共同生活5年以内就离婚的数量占总离婚数的6成，这样一比，近年来的离婚数确实是减少了很多。然而近年来共同生活15年以上的离婚情况持续增多，占总离婚数的近3成。尤其是共同生活20年以上的“熟年离婚”比例逐年上升，2015年的熟年离婚率是1947年的5.8倍。同样，那些携手走过了银婚，共同生活了25年以上的老夫老妻们的离婚率也在逐年上升。

**表4-2 从共同生活年数看离婚率的变化**

| | 5年以内 | 5—10年 | 10—15年 | 15年以上 | 20年以上 | 25年以上 |
|---|---|---|---|---|---|---|
| 1947年 | 61.2% | 23.4% | 8.5% | 6.9% | 3.1% | — |
| 1975年 | 49.3% | 24.2% | 13.7% | 12.7% | 5.8% | 2.4% |
| 1980年 | 37.2% | 27.7% | 17.3% | 17.7% | 7.7% | 3.0% |
| 1985年 | 34.0% | 21.3% | 19.5% | 25.4% | 12.4% | 4.7% |
| 1990年 | 38.2% | 21.2% | 14.1% | 26.7% | 14.0% | 5.8% |
| 1995年 | 39.5% | 21.2% | 13.0% | 26.3% | 16.4% | 7.2% |
| 2000年 | 38.0% | 23.0% | 13.0% | 26.1% | 16.5% | 9.1% |
| 2005年 | 36.6% | 23.1% | 14.1% | 26.2% | 16.2% | 8.8% |
| 2010年 | 34.9% | 22.6% | 14.7% | 27.7% | 16.9% | 9.5% |
| 2015年 | 33.7% | 22.2% | 14.6% | 29.4% | 18.1% | 10.1% |

来源：日本厚生劳动省2015年《人口动态统计》
备注：以进入婚姻生活到停止同居的时长为考虑因素，看离婚率的变化。

从男女不同年龄段的离婚情况来看，39岁以下年龄段的男性女性的离婚数都在减少，但是40岁以上的离婚数却没有减少（图4-6）。也就是说，40岁以上中老年人的离婚率正在上升。

一提到“熟年离婚”，很多人都认为是一对中老年夫妇，尤其是在丈夫退休后，夫妇二人离婚。

很多人想象的“熟年离婚”的场景是，丈夫在家里不做家务，也不管孩子，只是一心扑在工作上，对家里的事毫不关心，妻子等到孩子们工作和结婚后，突然向丈夫提出离婚。2016年3月上映的电影《家庭之苦》（山田洋次导演）讲的就是这种故事。

但是，熟年离婚并不是指在某个特定的年龄段离婚，而是指婚姻关系存续20年以上的夫妇选择离婚。根据日本法律，男性到了18岁，女性到了16岁就可以结婚。因此，熟年离婚中最年轻的夫妇年龄应该是丈夫38岁，妻子36岁，当然这只是按照最年轻的年龄来算，实际上，如今日本人的平均初婚年龄是30岁，整个社会都趋于晚婚化，离婚年龄也在推迟。因此，20多年的夫妻基本上都是到了50多岁的时候才想清楚并离婚。

此外，我们再来看看人们对于离婚的意识变化。对此，我们参考2009年日本内阁府开展的《关于男女共同参与社会的舆论调查》数据。该调查让人们回答对于“即使结婚了，如果无法满足对方，还是离婚比较好”这一观点的态度，图4-7、图4-8分别为人们在不同年份、年龄段对于这一观点的态度。

回答“赞成”和“大体上赞成”的人在1997年合计占比达到54.2%，之后一直到2009年，几乎都是近一半占比。1979年

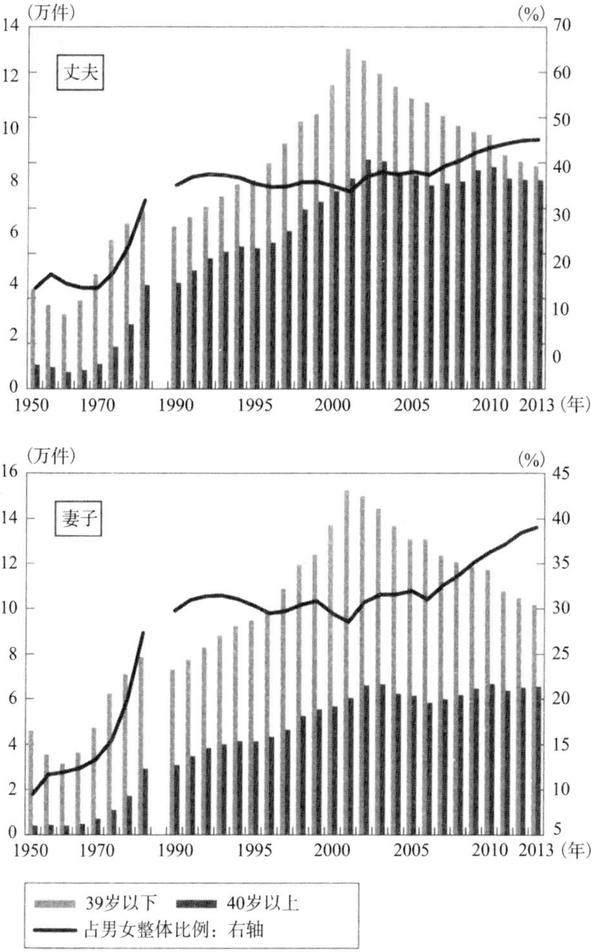


**图4-6　各年龄段的离婚件数**

来源：日本厚生劳动省2014年《人口动态统计》

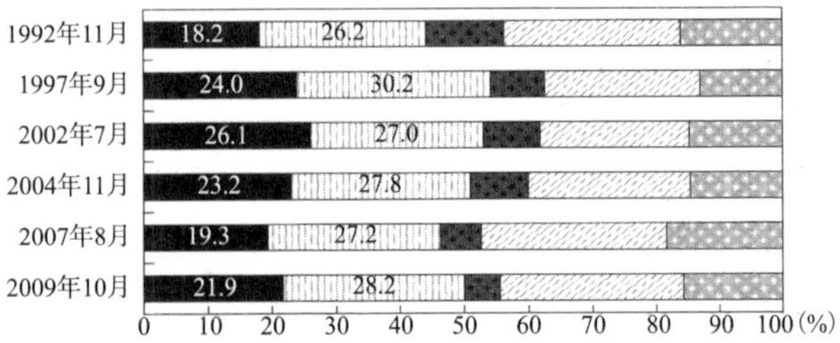


图4-7　对于“即使结婚了，如果无法满足对方，还是离婚比较好”这一观点的态度（不同年份）

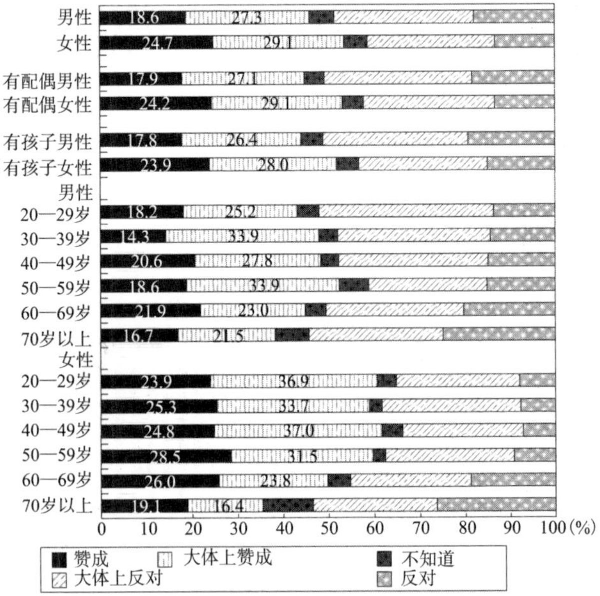


图4-8　对于“即使结婚了，如果无法满足对方，还是离婚比较好”这一观点的态度（不同年龄段）

来源：日本内阁府2009年《关于男女共同参与社会的舆论调查》数据和《关于家庭生活的意识调查》

这一数值是20%左右，可见，近年来人们对离婚的心理抗拒力逐渐减弱。

接着我们来看男女离婚意识的差别，同样也是参考2009年日本内阁府开展的《关于男女共同参与社会的舆论调查》数据。整体来看，相比于男性，女性对于离婚持更加肯定的态度。即便是有配偶或是有孩子的女性，也依然持肯定态度，且超过一半的女性都是这种想法。

从不同年龄段来看也能得出同样的结论。在20—50岁的年龄段内，几乎60%的女性都对离婚持肯定态度，比男性高出10%以上。有趣的是，只看“赞成”离婚的最高占比，会发现60岁年龄段的男性占比最高，约22%，同样，“赞成”离婚占比最高的女性是在50岁和60岁年龄段，分别占比28.5%和26%。由此可见，50—60岁的夫妇对离婚的态度是最肯定的。

## 离婚的主导权在于妻子

那么，最先提出离婚的是丈夫一方，还是妻子一方呢?

根据2012年日本司法统计数据，日本家庭法院处理的婚姻关系案件总数是67892件，其中由妻子提出的离婚案件有49156件，占比72.4%，这一比例相当高。即使倒退10年，也依然是这种情况，大部分离婚都是由妻子一方提出的。

无论是意识层面，还是付出实际行动去提供离婚诉讼，掌握离婚主导权的只有妻子一方。

读到这里，或许有的丈夫会说“我们家肯定不会出这种问题”，也有人会持反对意见，认为“日久生情”。但是，真的这么肯定吗？经过长年累月的相处，夫妻双方肯定会建立起一定的感情基础，但也正是因为长年累月的相处，夫妻双方也有可能疲乏和崩溃。就像电影《家族之苦》中演的那样，或许某一天妻子会突然将离婚协议书摆在丈夫面前。

另外，我还想谈论一个不太重要的话题。从图4-9可以看出，一年当中离婚高发的月份是3月，其次是4月。每年3月离婚数增多的这一趋势，从20世纪80年代就开始了。或许和年度结算一样，人们也会有对婚姻进行结算的心情，又或许是因为到了4月初春的时候，人们想要重新开始自己的人生。当然真正的原因我们不得而知，但我觉得丈夫们可以在每年3月的时候，给妻子送些礼物，或者带着妻子去旅行一次，想想怎么为妻子服务，或许有不错的效果。

正如我们了解的那样，近年来婚姻关系持续20年以上的熟年离婚正逐渐趋于常态化，而对于离婚的态度，女性比男性更加坚决，而且实际提出离婚的也大都是妻子一方。

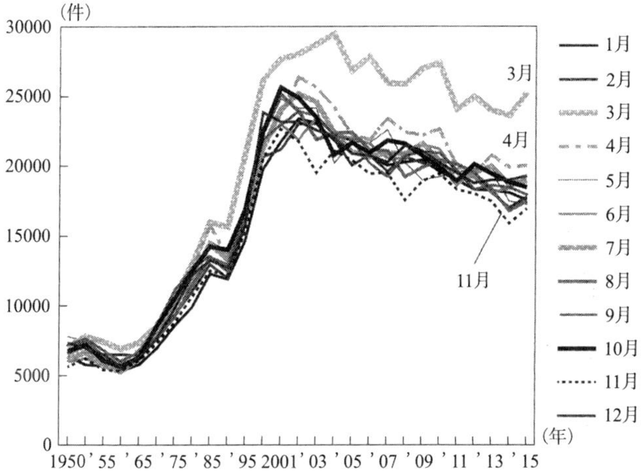


**图4-9 不同月份离婚数变化比较**

来源：日本厚生劳动省2015年《人口动态统计》（该图为笔者根据该制成）

那么，选择离婚的理由到底是什么呢？

在日本，90%的离婚都是协议离婚，剩下10%都是调解离婚和诉讼离婚。这一比例从日本经济高速增长时期以来几乎没有变过。在协议离婚的情况下，只要夫妻双方都同意离婚就可以，并不需要在离婚协议书上一项一项地写明具体的离婚理由。因此，协议离婚并不需要说清楚理由。假如要问离婚的理由，那就和离职申请上写的“出于个人原因”一样，并没有人说出真实原因。

表4-3是根据2013年日本《司法统计年报》列出的丈夫和妻子选择离婚的不同理由。

表4-3 离婚的理由

| 名次 | 丈夫 | 妻子 |
| --- | --- | --- |
| 1 | 性格不合 | 性格不合 |
| 2 | 遭受对方的精神虐待 | 丈夫不给生活费 |
| 3 | 有其他异性关系 | 遭受对方的精神虐待 |
| 4 | 和家人、亲戚的关系不好 | 遭受暴力 |
| 5 | 性生活不和谐 | 有其他异性关系 |
| 6 | 对方花钱大手大脚 | 对方花钱大手大脚 |
| 7 | 不一起住 | 对家庭毫不关心 |
| 8 | 遭受暴力 | 性生活不和谐 |
| 9 | 对家庭毫不关心 | 和家人、亲戚的关系不好 |
| 10 | 疾病 | 酗酒 |

来源：2013年日本《司法统计年报》

排在第1位的离婚理由就是“性格不合”，且男女双方都这么认为，不过后面的理由却有男女之别了。丈夫们的离婚理由第2位是“遭受对方的精神虐待”，第3位是“有其他异性关系”，第4位是“和家人、亲戚的关系不好”，由此也可以推测这是婆媳问题。

妻子们的离婚理由第2位是“丈夫不给生活费”，第6位是“对方花钱大手大脚”，由此可见排在前面的妻子的离婚理由都和钱相关。值得注意的是，“遭受对方的精神虐待”竟然排在第3位，比“遭受暴力”还要靠前1位。让人意外的是，丈夫“有其他异性关系”竟然只排在第5位。

值得关注的是，比起“遭受暴力”，夫妻双方都更在意“遭受对方的精神虐待”。那么，到底什么行为属于“精神虐待”

呢？恶语相向当然属于精神虐待，此外还有本人虽不想刻意折磨对方，但总是在无意识地责备、嫌弃对方，或者说一些例如“你知道什么啊”这类贬低对方的话，以上这些行为在日常生活中经常存在的话，就属于精神虐待了。其次还有很多行为是关于家庭财务事宜或孩子教育问题的，将这些责任推卸给对方，这种行为也属于精神虐待。

而对于在家庭中遭受到配偶的暴力，也就是所谓的“家庭暴力”（简称DV，英文为Domestic Violence），这种情况也在逐年增多。根据日本警察厅公布的2015年《全社会骚扰案件及家庭暴力案件的应对情况报告》，2015年日本全社会的家庭暴力案件共有约63000件，相较于2011年的34000件左右，整整增加到了原来的1.8倍（表4–4）。在家庭暴力的受害者中，男女比例约为1：9，也就是说，家庭暴力绝大部分的受害者都是女性，而男性受害者，也就是丈夫遭受家暴的情况在近几年也增加了近6倍。夫妻间的暴力行为正在逐年增多，即便不至于动手，言语上的精神虐待也会导致夫妻间的关系破裂，这也可以理解。

但是，调解离婚或诉讼离婚就属于需要法院介入、比较复杂的情况了，是相当特殊的。将少数特殊情况认定为整体倾向显然是不合情理的。

2010年11月22日的《AERA》杂志（朝日新闻社出版的日本周刊杂志）刊登了一组特辑，名为“离婚与维持婚姻的分界线”。该特辑以40岁前后的412名男性和女性为调查对象，做了

**表4-4　家庭暴力案件的受害者情况**

| | 2011年 | 2012年 | 2013年 | 2014年 | 2015年 | 2015年的比例 |
|---|---|---|---|---|---|---|
| 男性 | 1146 | 2372 | 3281 | 5971 | 7557 | 12.0% |
| 女性 | 33183 | 41578 | 46252 | 53101 | 55584 | 88.0% |

来源：日本警察厅2015年《全社会骚扰案件及家庭暴力案件的应对情况报告》

一个问卷调查（表4-5）。该调查的特别之处并不是人们选择离婚的真实理由，而是将已经离婚的夫妻，打算离婚的夫妻以及关系缓和、打算维持婚姻的夫妻这3种类型进行比较。让我们来看这一调查的结果。

首先，来看丈夫们的离婚理由。丈夫们的离婚理由主要都集中在“生活上的分歧”“感情冷淡”“性生活不和谐”这3种

**表4-5　考虑离婚的理由**

已经离婚的夫妻

| 【丈夫】 | | 【妻子】 | |
|---|---|---|---|
| ①生活上的分歧 | 31.3% | ①与钱相关问题 | 48.5% |
| ②感情冷淡 | 25.2% | ②感情冷淡 | 35.0% |
| ③性生活不和谐 | 19.4% | ③对方的父母 | 22.3% |

打算离婚的夫妻

| 【丈夫】 | | 【妻子】 | |
|---|---|---|---|
| ①生活上的分歧 | 33.3% | ①生活上的分歧 | 36.7% |
| ②性生活不和谐 | 23.5% | ②感情冷淡 | 28.6% |
| ③感情冷淡 | 19.6% | ③与钱相关问题 | 26.5% |

关系缓和、打算维持婚姻的夫妻

| 【丈夫】 | | 【妻子】 | |
|---|---|---|---|
| ①生活上的分歧 | 26.9% | ①对方的父母 | 27.8% |
| ②性生活不和谐 | 15.4% | ②与钱相关问题 | 18.5% |
| ③不理解自己的工作 | 13.5% | ③没有理由 | 14.8% |

来源：《AERA》杂志2010年11月22日刊“离婚与维持婚姻的分界线”调查问卷

共同的理由。无论是已经离婚、打算离婚，还是关系缓和、打算继续维持婚姻的人，在这3点上没什么太大区别。

而从妻子方的数据却能看出一些潜藏的真心话。首先，不同于丈夫们，妻子们的离婚理由中，“与钱相关问题”更加突出，甚至正在考虑离婚的妻子们将“与钱相关问题”排在第3位，约占26.5%，实际离婚的妻子们给出的离婚理由第1位就是“与钱相关问题”，占比48.5%。因此，夫妻双方离婚的真正原因很有可能是“钱”，却找借口说成是“生活上的分歧”和“感情冷淡”。正在考虑离婚的夫妻们，其前3位的理由中虽然没有出现“对方的父母”这一原因，但是在实际离婚的夫妇中，却有这一理由，这也是找借口。

丈夫们认为和妻子存在“生活上有分歧”“性生活不和谐”等问题，这些都是情感方面的理由，而妻子们的离婚理由大部分都是因为“钱”。若决定结婚的时候是因为“钱”，那选择离婚的时候也是因为“钱”，想必这就是女性真实的内心想法。

离婚现象是受到经济因素影响的，这一现象也随着时代的变化逐渐明朗。在日本泡沫经济时期，整个社会的离婚率是下降的，而在泡沫经济破裂后，日本陷入了“平成萎靡”的状态中，这个时期的离婚率持续上升。小泉纯一郎内阁执政期间的2001年，日本离婚率更是上升到2.30%，达到历史最高水平。在之后的经济景气时期，日本离婚率又呈下降趋势。可以说，离婚率是随着经济环境的波动而波动的。

在家里，妻子需要负责一家人的生活起居，还要计算一家的开销，因此，结婚对于妻子而言相当于在经营一家企业。一家企业如果没有与开销匹配的收入，企业就会破产。正如上文中看到的数据，相比于男性，女性对于离婚的心理防线更低，不想与即将沉没的船一起陷入海底，这种想法也是可以理解的。

这种情况也不仅限于在经济上完全依赖丈夫的家庭主妇们，还有双职工家庭。双职工家庭本来是两个人共同支撑着生活，但是只要一方的“翅膀折断”，生活就会完全失去平衡。

20多岁的男性对于离婚的看法也是如此。他们认为，把结婚看作是爱的羁绊的浪漫幻想的，只有男性自己。女性对于婚姻都是冷静地观望现实。

## 丈夫们需要一个“人生三段计划”

退休后离婚很多都是由夫妻间的想法不一致引起的。

对于需要工作到退休的丈夫，妻子无法容忍其对于家里的事毫不关心，就会突然提出离婚。而丈夫可能还会惊讶，认为自己为了家一直辛辛苦苦地工作，怎么会被离婚呢。在这一点上，夫妻双方就容易出现意识上的分歧。

此外，还有一种情况是，即将退休的丈夫打算“退休后搬到一个小岛上，夫妻二人享受悠闲亲密的生活”。然而，当丈夫把这个想法告诉妻子时，妻子却突然说要离婚。这对于丈夫而言无疑是晴天霹雳，完全出乎意料。那么，妻子是怎么考虑的呢？妻子认为："要是住在东京也就算了，竟然要带我去那么偏远的小岛上生活，而且从此以后就只能整天看着丈夫的脸，实在是不能同意。在东京还能和朋友们一起做点想做的事，生活也丰富。我又不是丈夫的保姆和妈妈，一直以来忍受着丈夫对家里的事不闻不问，如今已经忍无可忍了。"

确实，丈夫在家务以及育儿方面都没有什么付出，但是能到了让妻子说出离婚的地步，是丈夫没想到的。

这也不能完全将离婚归咎于丈夫不管家里的事。

根据日本第一生命经济研究所在2015年公布的调查报告，年龄在60—79岁范围内且有配偶的老龄男女当中，60%的丈夫们回答"依赖妻子"，而"依赖丈夫"的妻子只占20%，且回答"不依赖丈夫"的妻子占42%。此外，该调查问卷中还有这样一个问题，即"如果人生重新来一次，还会和现在的对象结婚吗"，对此，60%的丈夫回答"愿意"，而依然"愿意"的妻子们却不到30%。从这一点也可以看出一个倾向，那就是丈夫们普遍依赖妻子。双方想法上的背离，正是"熟年离婚"的根本原因。

在结婚之初，丈夫们普遍都在工作，他们也自认为是家里的顶梁柱，无论是妻子还是孩子都很依赖他们，对此丈夫们还是很有自信的。但是退休后，丈夫没了工作，也上了年纪，与之前完全不同了，客观地说，就是一个年老无业的男人。因此，以为妻子还会像之前那样依赖自己，简直是大错特错。

在童话世界里，公主和王子结婚后故事就结束了。但是，在现实生活中，尽管结婚了，不可能所有的事都是“可喜”的。而对于男性而言，结婚时间越长，他们越会有这种“童话思维”，会越来越依赖妻子。

日本中央大学教授山田昌弘曾说，结婚对于女性而言相当于“重新投胎”。因此，在夫妻共同生活了20年的时间里，丈夫也必须改变意识，让自己“重生”。

前文中已经提到，如今的女性将自己90年的人生分为三段来活，过了60岁后，都会重新审视自己的人生，认真思考接下来的人生道路。因此，男性也应该将自己的人生分为三个阶段，即结婚前的30年，全身心投入工作的30年以及退休之后的人生，好好重新思考自己的人生。所以，男人们更应该关心的不是《三国志》，而是“人生三分计”。

尤其是全力投入工作的那30年和退休之后的人生，男人们的社会作用发生了巨大变化，丈夫们必须要认识到这一点。如果将自己身上的工作、收入、头衔都拿掉，自己还剩下什么呢？我并不是想断言所有男性拿掉这三个部分都是一无所有，但不可否认的是，这三个部分确实是男人们的中间这30年当中所有身份的基础。妻子对于丈夫的依赖也正是这三个部分。然而，男人们退休后，这三个部分也就跟着没有了，可以说自己和之前完全不同了。对于男人们而言，或许应该好好思考一下，在自己离开职场、步入60岁人生的时刻，应该做些什么去“重生”呢。

已婚者常常对未婚者说“不结婚的话，最后会‘孤独死’的哦”，但是，即便结婚了，等到老了又有可能是一个人，还是会有“孤独死”的风险。即便结婚了，也不是说就“万事大吉”，无须担心任何事了。我们每个人都随时有可能变成一个人。

## 夫妻双方均为初婚的比例下降，再婚比例逐年上升

随着离婚数的增多，实际上再婚数也在增多，只不过大家不怎么关注而已。婚姻数是初婚数和再婚数的合计值。也就是说，即便再婚数在增加，整个日本的婚姻数依然在减少，主要是因为初婚数的急速减少。

我们将婚姻数的详细情况用图表画出来，就能一目了然地了解具体情况。

从图4-10可以看出，双方都是初婚的情况在1972年达到最高值，到了2014年，初婚数几乎减少了一半。初婚数不增加，本来就和未婚者人数的增加有直接关系。相反，可以说那些离婚又再婚的人是想方设法地增加婚姻数。

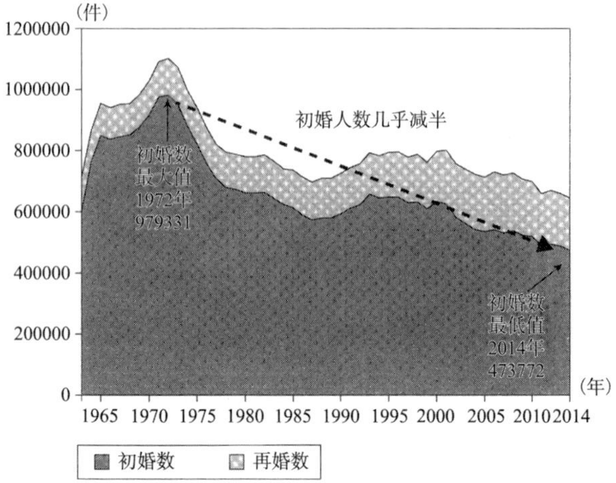


**图4-10　不同年份婚姻数的具体情况**

来源：日本厚生劳动省2014年《人口动态统计》

那么，这些再婚者们的具体情况是怎样的呢？

提到再婚者，人们的印象大都是“离过婚的男性找一位年轻女性再婚”。事实上，我也曾这么以为。

从二战后到20世纪70年代的那几十年里确实如此，但最近几年“夫妇二人都是再婚”的夫妻逐渐增多，“再婚男性找初婚女性”的情况基本上没有太大变化。让人意外的是，“初婚男性找再婚女性”的情况正在逐年增多（图4-11）。

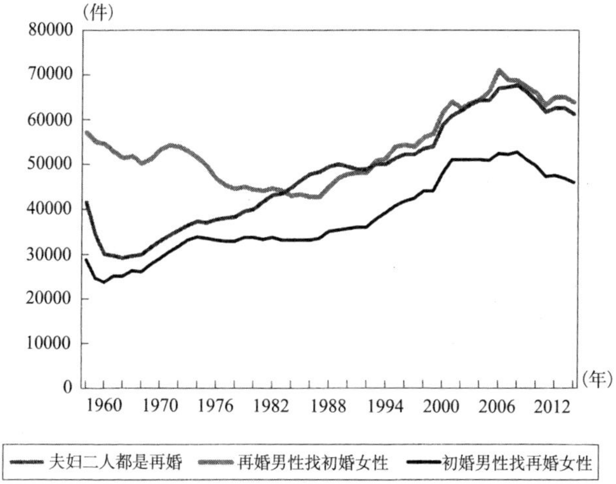


**图4-11　不同年份再婚数的具体情况**

来源：日本厚生劳动省2014年《人口动态统计》

即便如此，再婚者当中的男性还是远多于女性。虽然曾经这一差距逐渐缩小，但是最近几年又拉大了。最近几年单亲妈妈的人数增多也正是由于这一原因。

虽说很多女性已经没有了像“贞女不更二夫”这种老旧的价值观，但是对于女性而言，再婚依然是一件难事。

有趣的是，1987年，再婚男女人数的差值达到最小值（图4-12），一直到近几年，这一差值一直没有低于1987年的，女性们又逐渐恢复到之前的心态，选择不再婚。

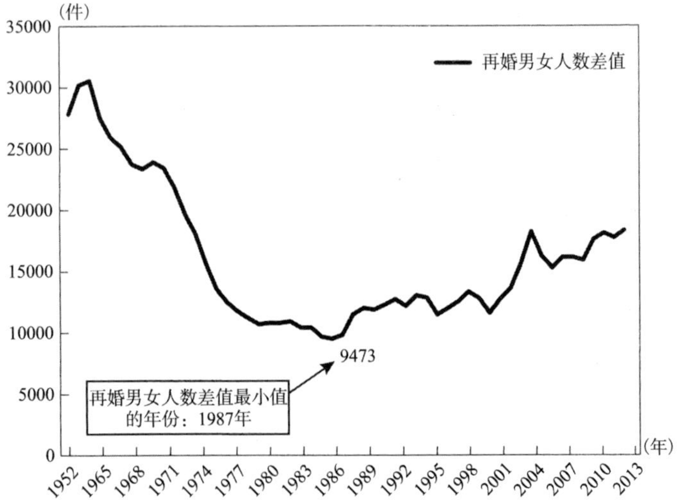


**图4-12　再婚男女人数差值（男性再婚数－女性再婚数）**

**来源：**日本厚生劳动省2014年《人口动态统计》

本书中多次提到了1987年，这是特殊的一年，这一年是日本终身未婚率激增的一年，是实施《男女雇佣机会均等法》的第二年，也是选择不结婚的男性增多的一年。同时，1987年是如今50多岁的一代人（处于计算终身未婚率的年龄范围内），大学刚毕业步入社会的一年。当时的他们被称为是“新人类”。此外，离婚数首次超过15万件，离婚率（离婚数除以婚姻数）超过20%是在1985年，也就是1987年的前两年。

20世纪80年代后半期是日本泡沫经济的鼎盛期。人们流行留着整齐的头发，穿着紧身衣，整个日本处在一片繁荣之中。

所有人都相信日本会继续高速发展下去，在那个时代，比起结婚，赚钱更能给人带来幸福。

从“全民皆婚”时代到“全民未婚”时代的过渡期，正是泡沫经济时代。

总之，今后随着离婚数的增多，相应的再婚数也会增多。会结婚的人会结好几次婚，结不了婚的人一辈子也结不了，这种两极分化的现象会越来越明显。这也是婚姻数一直保持稳定，而终身未婚的人在持续增多的原因。

## 江户时代的离婚率居世界首位

明治初期，日本的离婚率比现在的日本还要高，属于世界第一的水平。若是追溯到江户时代，离婚率更是高。虽然没有官方的数据统计，但据说当时即便是普通市民，每千对夫妇的离婚率就高达4.8，这是现在日本离婚率的1倍以上，比俄罗斯和美国还要高。

日语中有个词叫“三行半”，这是离婚书的俗称，正式的说法叫“离别状”，或者“去状”“暇状”等。

令人意外的是，很多人都对“三行半”有误解，认为“三行半”是丈夫随便就能摆在妻子面前的一纸休书。事实上并非如此，在江户时代，离婚必须夫妻双方都认可，绝不是只属于丈夫一人的权利。

此外，“三行半”不仅是离婚证书，也是再婚许可证。

在江户时代，重婚和不伦是重罪。所以，如果离婚时没有一个凭证，那是无法再婚的。丈夫给妻子一份离婚书，妻子收到后再“还礼”给丈夫一份答复，就这样夫妻二人的离婚就算生效了，并且两人都得到了一份再婚许可证。

那么，离婚的主要原因是什么呢？

根据现存的离婚书中，最多的理由都是“为夫妇之因”，这就和离职申请书上写的“由于个人的关系”一样。此外，写“结缘不合”的也有很多，这用现在的话说就是“性格不合”。想必离婚书上写的话大都是场面话吧，毕竟离婚书也相当于是再婚许可证，如果在上面如实写出离婚理由，那么在找下一任的时候就会不太方便。

除了“生离”外，夫妻间还有很多情况是“死别”。有的是丈夫病故，有的是妻子因难产而去。在这种情况下，由于是对方离世，所以会由对方亲人出具一份离婚书。

但是，并不是所有的离婚都是圆满的，有的夫妻双方因为有纠纷而不得不进行调停，用现在的话说就是调解离婚。这种情况，有的是因为丈夫没有经济能力或者生活能力，也就是说丈夫没有价值，妻子对其厌烦，于是提出离婚；还有的是因为遭受到丈夫的家庭暴力而提出离婚。实际上，在江户时代，妻子一味忍受着来自丈夫的家庭暴力这种事情可能并没有多少。

此外，还有其他的离婚理由，例如外出赚钱的丈夫失踪了，妻子生活穷困潦倒、不能再等下去了。当然，还有因为一方出轨而离婚的。听说甚至有因为照顾83岁的丈夫而崩溃逃走的妻子。从这些离婚理由可以看出，在离婚这件事上，无论在江户时代还是在现在，情况几乎没什么变化。

一般情况下，离婚书上是不写明离婚的真实理由的，但是有时会出现下面这种话：

“今后你可以嫁给任何人，除了邻居。”这种情况的出现一般都是因为女方与邻居家的男人有不正当关系，从而导致离婚的。

## 江户时代的离婚也是因为“钱”

即便通过调解，很多丈夫也不会同意妻子的离婚申请。这是因为在江户时代，女性人口相当少，尤其是农村的女性，算是家里重要的劳动力，因此丈夫是不可能轻易说出“分开吧”“同意”等这些话的。需要注意的是，夫妻双方在离婚这件事上产生纠纷并非出于情感方面的原因，也就是说类似于“我还喜欢你，请不要和我分开”这类的纠缠并不会发生。夫妻双方都坚定地认为“婚姻就是生活”，并没有那么多的男女之情，可以说是极其合理但又很冷漠的关系。

虽说如此，通过调解，妻子同意撤回离婚申请的罕见情况也有。但是，此时妻子会提出特殊的条件。“这次是撤回离婚申请了，但是再有一次离婚纠纷的话，你需要每年给我35钱”。当时一般有工作的女性的平均年收入在40钱左右，所以这一条件就相当于是女性一年的收入。此外，有的妻子提出的条件是“如果再有一次到了需要离婚的地步，丈夫须将1/3的财产交给妻子”。由此可见，当时日本女性的立场有多强硬。

离婚相关的问题说到底还是钱的问题。第一个问题就是关于彩礼或者嫁妆的归还问题。原则上，夫妻二人离婚时，必须将聘礼或嫁妆归还给彼此，但是大部分夫妻都会在这一问题上产生纠纷。

丈夫如果有钱的话也就不会产生纠纷了，因为丈夫心里明白自己已经是被抛弃的人了，所以也不会计较。但是有些丈夫花钱大手大脚，自己本身就没什么钱，在妻子提出离婚时就会问妻子“你要还我聘礼吗”，并表示“要是不还，我就不离婚”。遇到这种情况，很多妻子没办法，只能放弃聘礼，毕竟是想离婚而不是想要那些钱。

反过来，有的妻子也会利用陪嫁钱来要挟和控制丈夫。

如今日语里还留有这样一句川柳[①]：“陪嫁钱，不拆封，新娘苦恼了。”这句话的意思是，如果丈夫没有使用新娘带来过的

---

①日本的一种诗歌形式，音节与俳句一样。川柳的内容大多是调侃社会现象，想到什么就写什么，随手写来，轻松诙谐。

陪嫁钱，日后就没办法威胁丈夫。

“陪嫁钱，拆了封，新娘安心了。”这句话的意思是一旦陪嫁钱被花了，那就是夫妻二人的财产了。这样妻子就可以威胁贫穷的丈夫，使其处于自己的支配之下。离婚时如果丈夫不把花光的陪嫁钱还回来，就要到奉行所[①]去申诉。

给赔偿是理所应当的，具体赔偿多少要看谁是过错方，这一点和现在的离婚判决是一样的。如果是丈夫支付给妻子赔偿，那么赔偿款基本上相当于有工作女性的平均年收入，也有的是年收入的10倍。

如果丈夫是入赘女婿，且没有过错，这种情况下妻子提出离婚，就需要支付给丈夫赔偿金。现在看来，江户时代才是真正男女平等的时代啊。

其次，关于孩子的抚养问题会产生纠纷。除了和入赘女婿离婚，考虑到家庭存续的问题，原则上是丈夫一方负责抚养孩子，但也有儿子由丈夫抚养，女儿由妻子抚养的情况。但是，大部分情况下，抚养问题都取决于丈夫的经济条件。事实上，很多女性都是因为丈夫不要孩子，不得不一边带着几个孩子一边作为单亲妈妈谋生活。

---

①奉行是日本平安时期至江户时期的一种官职或军职，奉行的办公处所一般通称为“奉行所”，相当于中国衙门堂官下属办事的厅署。

## 江户时代的男女都很自立

江户时代，离婚的人很多，自然再婚的人也多。享保15年（1730）的史料中有这样一句话："现世之中，多再婚之事。"由此可见江户时代的再婚很多。土佐藩还专门规定"离婚不准超过7次"，可以想象江户时代的离婚和再婚情况之多。

那么，再婚的时候由谁来抚养孩子呢？下面介绍一个事例。

有一名女子，与前夫离婚后，自己带着孩子和母亲3个人一起生活。之后有位男性想要娶她，但是却提出条件称"不能带孩子和母亲，必须只身一人嫁过来"。放到现在社会，人们会说真是个冷酷无情的男人，但在当时这是很正常的。

那么，这位女子做出的决定是什么呢？

该女子与该男子达成协定，由该男子负责她母亲的抚养费，然后将母亲送回了老家。而对于孩子的抚养问题，因为母亲的娘家拒绝抚养，最后没办法只能送到前夫的老家。最终，这名女子顺利再婚。

可以说这种处理办法近乎冷酷。但也不禁让人感慨，这真是有着坚定的想法，不受任何人束缚，按照自己的想法活着，同时也非常有效率，不拖泥带水。这个事例中，现任丈夫有经济能力，而前任丈夫也能理解其难处，所以该女子才能顺利再婚。但若没有这样的现任和前任，为了自己再婚，夫妻二人相互推诿孩子的抚养问题，这种悲剧也有不少。

一牵扯到孩子，问题就变复杂了，尤其是前文中提到的江户时代，当时的男女在结婚、离婚以及再婚问题上都很自由。女性即便是做家庭主妇，社会也认可其在家务和教育孩子方面付出的辛勤劳动价值，在农村和做生意的家庭中，夫妻双方都认为两个人是在“共同工作”。与其说女性强大，倒不如说男女各自独立，是极其平等的状态。

江户时代并没有达到昭和时代那种经济高度发展时期的“全民皆婚”状态，很多男性也都是终身未婚。但是当时对于不结婚这个事情，完全没有悲壮的感觉，而是在讴歌每个人在自己不同的价值观中，按照自己的活法生活着。可以说当时的男女都有“独立生活的能力”。

自古以来，日本人就是在这种男女平等、双方自立的关系中成长起来的。然而，到了明治时期，为了追赶西欧各国，日本引进了西方国家的婚姻制度。今天来看，这就是一个错误的决策。到了大正时期和昭和时期，离婚率确实下降了，达到了“全民皆婚”的状态，但是这本来就不符合日本人的性格。如今，日本的未婚率和离婚率都在上升，只不过是回到原先的状态、恢复到日本人原本的状态而已。

## 离婚后容易轻生的现代日本男人们

根据日本内阁府2015年《自杀对策白皮书》，日本自杀人数减少到24025人，比上一年减少了1402人，持续4年低于3万人。但是这一数据并不能说明自杀者减少了。令人吃惊的是，在10—40岁年龄段死亡的日本男性当中，排在第一位的死亡原因是自杀，远超于因意外事故和癌症死亡的人数。

从性别上看，自杀的男性人数占7成，男性的自杀率更高。“相比于女性，男性的自杀人数更多”这一现象不仅存在于日本，全世界都是这样。无论是发达国家还是发展中国家，不分宗教和民族，都是男性的自杀者更多。那么，为什么男性更容易自杀呢？

从自杀男性的不同年龄段来看，40—60岁的男性占男性总自杀人数的近一半。从自杀的原因和动机来看，因为健康问题自杀的人最多，其次就是经济和生活问题。健康问题普遍存在于60岁以上的人群，但是健康问题不仅仅是身体健康，像抑郁症等这类精神层面的问题也属于健康问题。

图4-13是不同年龄段、不同配偶情况的男性自杀情况。

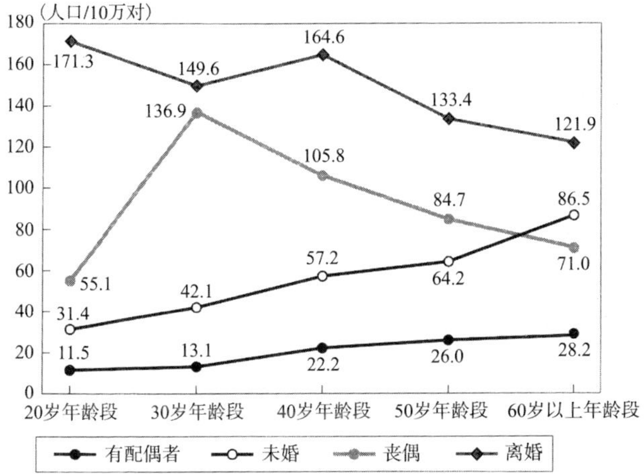


**图4-13　不同年龄段、不同配偶情况的男性自杀情况**

来源：日本内阁府2015年《自杀对策白皮书》（基于2013年的实际数据）

从该图可以看出，男性自杀率最高的是离婚的人，其次是丧偶的人。总之，就是有配偶关系的男性，当与妻子离婚或者丧偶后，其自杀率是最高的。这一情况不仅仅出现在2013年，基本上每年都是一样的情况。

从图中还可以看出，越年轻的人自杀率越高，这是因为在20—30岁年龄段的人，本来其离婚和丧偶的绝对值低。同样，老龄未婚者的自杀率高也是因为其绝对值低。如果不看自杀率，只看绝对值的话，自杀者一半以上都是有配偶者，尤其是40—60岁年龄段，有配偶的男性自杀者，其绝对值最高。

虽说如此，那些因为离婚和丧偶的男性，其自杀率最高，这依然是严峻的事实。人们常说“一个人是活不下去的”，而男性们竟然对于与配偶的离婚和丧偶的承受力如此之弱，也是让人感到意外。

若是换作各位已婚的读者们，会怎么样呢？我们不妨想象一下。假如妻子先离世，或者共同生活多年的妻子提出离婚，那么，你有信心能够独自生活下去吗？

日本有一首非常老的歌，名字叫《关白宣言》，是由佐田雅志在1979年创作的一首歌曲。这首歌的大致内容是一位丈夫对即将嫁过来的妻子说的话。其中就有一句是说妻子不可以比自己先死。

这首歌就表达出男人们的想法，那就是“如果妻子比我先死，我就不知道自己该怎么办了”。无论是过去还是现在，想必这是绝大多数已婚男人的想法。

此外，根据2014年西铁城钟表的调查结果，对于“你愿意比你的另一半活得久吗”这一问题，有80%的男性都回答“不想”，女性则有58%的人这么回答。

这就是男人。

## 过于依赖彼此的日本夫妇

实际上，过于依赖另一半的这种心理特质，日本人尤其严重。根据日本内阁府2010年《老年人生活和意识的国际比较调查》（调查对象为世界各国60岁以上的老年人）结果，认为配偶是“自己的心灵支柱”的人数占比，相较于其他国家，日本的占比是最高的（表4-6）。可见，日本人在精神上相当依赖另一半。

**表4-6　不同国家的人认为的“自己的心灵支柱”**

| | 配偶或者另一半 | 孩子（包括领养） | 兄弟姐妹 | 亲人、朋友、知己 |
|---|---|---|---|---|
| 日本 | 65.3% | 57.4% | 13.9% | 15.5% |
| 美国 | 46.0% | 69.8% | 39.3% | 46.5% |
| 韩国 | 55.4% | 57.1% | 4.7% | 6.0% |
| 德国 | 50.2% | 52.0% | 12.8% | 32.3% |
| 法国 | 48.1% | 66.9% | 11.1% | 25.4% |
| 瑞典 | 70.9% | 59.8% | 15.9% | 24.8% |

来源：日本内阁府2010年《老年人生活和意识的国际比较调查》（除法国的数据为2005年的数据，其他国家的数据均为2010年的数据）

即使与美国相比，日本也高出了近20%。与民族性比较相近的德国相比，日本也高出约15%。而其他国家的人比起配偶，孩子才更是他们的精神支柱。与日本一样，比起孩子，更看重配偶的国家还有瑞典。日本能与社会保障制度如此完善的瑞典有一样的倾向，这一点让人不可思议，也颇有意思。此外，与西欧人相比，很明显日本人不依赖（或者是无法依赖）亲人、朋友、知己。美国人对亲人、朋友、知己的依赖占比46.5%，而日本只为其1/3。

还是这一项调查，我们来看大家对于“夫妇的时间”的意志。日本人想要有夫妇在一起的时间的这一倾向逐年增强（图4-14）。1990年左右的日本，“夫妇二人时间”“一人时间”以及“二者都有”，比例相对平衡。近年来，日本夫妇的生活方式开始逐渐倾向于夫妇一起度过时间，这一倾向与德国相同，但是与美国截然相反。

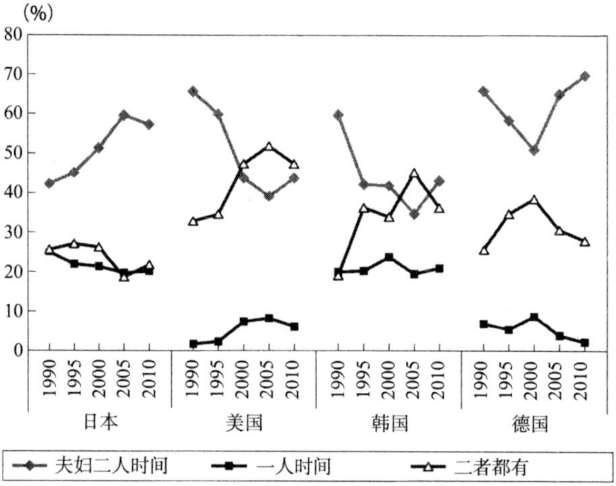


**图4-14　“夫妇的时间”（不同国家的老人意识比较）**

来源：日本内阁府2010年《老年人生活和意识的国际比较调查》

该项调查的对象是60岁以上的一代人，这代人是被称为“团块世代”①，他们早在终身未婚率急速上升之前就结婚了。

①指日本在二战后出生的第一代人。该词出自堺屋太一1976年的小说《团块的世代》。用“团块”来比喻这个世代，是指这个世代的人们为了改善生活而默默地辛勤劳动，紧密地聚在一起，支撑着日本社会和经济的发展。

他们在经济高速发展的“全民皆婚”时代成为夫妻，是核心家庭模式的创造人，同时也是“男主外，女主内”意识最强的一代人。对于家事完全不懂的昭和丈夫的形象就是来源于这代人。

但是，也并不能说这只是这个年代男性的特征。无论是40岁还是30岁，只要结了婚，尤其是生了孩子以后，男性就容易和之前的朋友或者熟人疏远。与他们尚且还有交流的只有职场上的人或者是自己的另一半。想必很多丈夫都是这样。

夫妻二人的关系要是好的话也还可以，但是如果觉得只有配偶才是自己的心灵支柱，只有夫妻二人在一起的时间才觉得幸福，这种想法多少有些危险。因为有可能会“熟年离婚”，或者即便夫妻二人能白头偕老，但总有一个人会先走，不可能一直保持着两个人在一起的状态。因此，正如我在前文中提到的，即便结了婚也有变成一个人的风险。

这种时候，姑且不谈女性，那些过度依赖妻子的丈夫们会怎么样呢？那些仍在工作的丈夫们尚且还好，而那些退休后的丈夫们职场上的人际关系也没有了，就连之前累积会收到几百封的贺年卡，在退休后也会骤减。一心一意地工作，也没有什么兴趣爱好，等到孩子们都独立了，家里就剩下孤身一人。让我们想象一下，这样的情况我们能忍受得了吗？

## 单身家庭将达到4成

“夫妇和孩子的家庭”曾经被称为是标准家庭，但是2010年的日本国情调查结果显示，在不同家庭类型中的一般家庭构成比中，“单身家庭”超过“夫妇和孩子的家庭”，成了占比最大的家庭类型。即便是后来2015年的《国情调查速报》统计结果，也依然是“单身家庭”最多，有1685万户，占所有类型家庭的32.6%。“夫妇和孩子的家庭”共有1400万户左右，基本维持平稳的状态，但是占比已经低于3成，到了28%。

今后即便日本的总人口在减少，但是估计单身家庭还是会增多，到2035年大概会达到30%的占比。可以说整个时代正在进入一个单身家庭占所有家庭总数4成的时代（数据来源于2013年日本国立社会保障与人口问题研究所《日本未来人口估算》）。

大多数人应该都不知道，日本是世界上单身家庭最多的国家（表4-7）。要从单身家庭的数量上讲，日本排在世界第3位。排在第1位的是人口大国中国，约有5840万户，第2位是美国，约有3121万户，第3位就是日本，约有1679万户（数据来源于日本总务省统计局《世界统计2016》，所有数据均为2010年实际数据），排在第4位的是俄罗斯。这前4位的4个国家的单身家庭就已经占据了全世界单身家庭的近4成。

**表4-7　世界各国单身家庭情况**

| 国家（地区） | 年份 | 单身家庭数（万户） | 单身家庭率（%） |
|---|---|---|---|
| 中国a | 2010 | 5839.6 | 14.5 |
| 美国a | 2010 | 3120.5 | 26.7 |
| 日本ab | 2010 | 1678.5 | 32.4 |
| 俄罗斯a | 2010 | 1401.9 | 25.7 |
| 德国a | 2011 | 1376.5 | 37.3 |
| 英国a | 2011 | 808.7 | 30.6 |
| 意大利 | 2011 | 766.7 | 31.2 |
| 印度c | 2001 | 756.4 | 3.9 |
| 法国a | 1990 | 582.6 | 27.1 |
| 西班牙a | 2011 | 419.3 | 23.2 |
| 韩国a | 2010 | 414.2 | 23.9 |
| 巴西a | 2000 | 396.7 | 8.9 |
| 加拿大a | 2011 | 367.3 | 27.6 |
| 波兰a | 2011 | 322.9 | 24.0 |
| 墨西哥 | 2010 | 247.5 | 8.8 |
| 南非f | 2001 | 207.8 | 18.5 |
| 罗马尼亚a | 2011 | 194.1 | 26.0 |
| 澳大利亚a | 2011 | 188.9 | 24.3 |
| 越南 | 2009 | 162.6 | 7.2 |
| 瑞典a | 1990 | 151.6 | 39.6 |
| 伊朗a | 2011 | 151.2 | 7.2 |
| 捷克a | 2011 | 142.2 | 32.5 |
| 比利时a | 2001 | 136.6 | 31.8 |
| 奥地利a | 2011 | 132.4 | 36.3 |
| 匈牙利a | 2011 | 131.7 | 32.1 |
| 埃塞俄比亚 | 2007 | 129.7 | 8.3 |
| 哥伦比亚a | 2005 | 117.7 | 11.1 |
| 白俄罗斯a | 2009 | 114.9 | 29.7 |
| 菲律宾a | 2007 | 109.2 | 5.9 |
| 孟加拉国 | 2011 | 103.1 | 3.2 |
| 葡萄牙 | 2011 | 86.7 | 21.4 |
| 秘鲁 | 2007 | 79.5 | 11.8 |
| 希腊 | 2001 | 72.4 | 19.8 |

（续表）

| 国家（地区） | 年份 | 单身家庭数（万户） | 单身家庭率（%） |
| --- | --- | --- | --- |
| 乌干达 | 2002 | 67.5 | 13.4 |
| 埃及 | 1986 | 62.4 | 6.4 |
| 智利 | 2002 | 48.1 | 11.6 |
| 巴基斯坦d | 1981 | 38.5 | 3.1 |
| 新西兰a | 2006 | 32.4 | 22.4 |
| 泰国a | 1980 | 29.7 | 3.5 |
| 委内瑞拉e | 1981 | 17.9 | 6.6 |

来源：日本总务省统计局《世界统计2016》

备注：a常住人口；b日本总务省统计局《国情调查速报》；c包括查谟-克什米尔邦，不包括曼尼普尔邦的部分地区；d不包括查谟-克什米尔邦、吉尔吉特及俾路支省；e不包括先住民；f不包括部分地区。

综观世界各地，单身家庭增多现象在人口集中的城市地区较为显著，在日本，东京的单身家庭最多。基于国情调查数据，东京都每5年公布一次家庭数的长期预测结果。根据2014年3月东京都公布的资料，预计到2030年东京都的单身家庭比例将达到47.2%，到了2035年将首次超过一半，达到50.2%，也就是说一半以上的家庭都将是单身家庭。

在分析单身家庭户数的变化时，需要注意的是，家里有65岁以上老人的老龄家庭比例的增加（图4-15），尤其是丧偶的老龄女性单身家庭正在逐年增多。大多数老龄夫妇都是孩子们已经独立了，当丈夫去世后，妻子孤身一人住在空旷的房子里，这种情况非常多。2000年，老龄单身家庭有303万户，到了2015年竟然有563万户，增加了近0.9倍。

同样增加的还有“只有夫妇二人的家庭”，从2000年的397

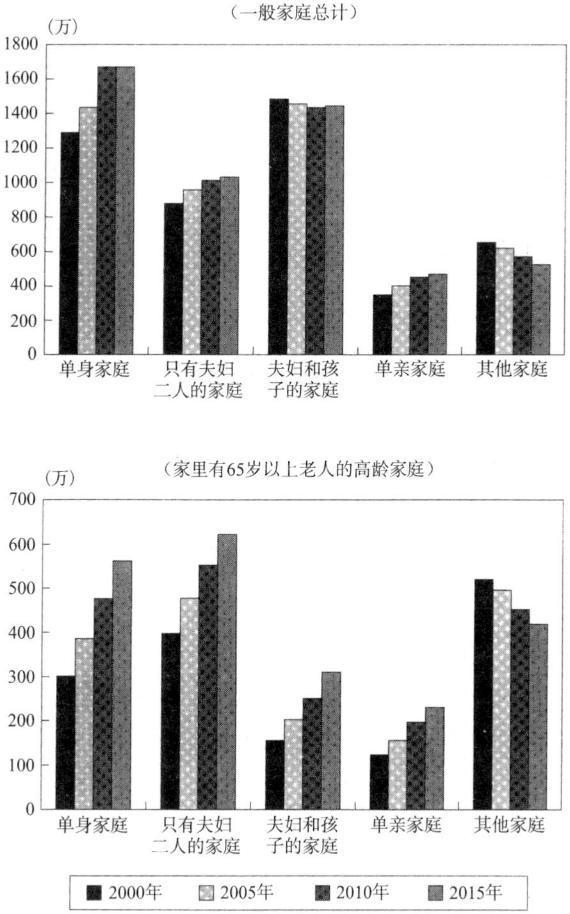


**图4-15　不同家庭类型的变化**

来源：2015年日本《国情调查速报》

万户增加到2015年的624万户，增加了近0.6倍。而这624万户“只有夫妇二人的家庭”在将来肯定会变成老龄单身家庭。在未来，比起未婚的单身家庭，因丧偶而成为老龄单身家庭的数量很可能会更多。甚至最严重的是，“夫妇和孩子的家庭”的老龄化。从一般家庭总计来看，“夫妇和孩子的家庭”与2000年相比，绝对值从1490万户减少到2015年的1454万户（图4-15），但是包括家里有65岁以上老年人的老龄家庭数从157万户增加到311万户，可以说是倍增。这说明由老龄父母和晚婚、不婚的孩子组成的家庭正在增多。

如今社会不像从前，子女并不是非要结婚。80来岁的双亲和50来岁的未婚子女生活在一起的情况已经不稀奇了。也有人认为“和父母居住在一起的话，子女照顾父母是应该的”。但是未婚的子女，要是不工作就没法生活。即使父母确实需要看护，子女也不可能寸步不离地跟着。更别说，子女到了四五十岁依然单身的话，本来就做一些临时工，收入微薄，子女本身也很贫困，可能光活着就已经精疲力尽了。也有很多子女根本没有多余的钱去请外面的护工来看护父母。父母即使想和子女共同生活，也不可能完全依赖子女。

希望我们都能够认识到这一点。如果我们每个人都没有独立生活的能力和心理准备，那么最终就只能等着发生一同倒下的悲剧。虽说是孩子、是夫妻、是家人，但是想让对方一直照顾自己，可能最终都是幻想。

## 将家人视为自己责任的悲剧

为了看护年迈的父母，辞掉工作（或被迫辞掉）、精疲力尽、身无分文，最终杀害父母，这类看护杀人案件每两周就会发生一起。

2006年2月，日本京都就发生了一起骇人听闻的事件，一个儿子杀害了有认知障碍症的母亲，之后自杀未遂。该案件在当时引发了整个社会的关注和讨论，人们开始讨论并关注生活保障和看护体制等日本社会福利制度的现状。想必很多人都还记着这起案件，我简单概括下这起案件的经过。

在日本京都市伏见区，一名男子（当时54岁，未婚）因无法忍受长期一个人照顾其患有认知障碍症的母亲（当时86岁），将其母杀害后企图自杀，未遂。其母的认知障碍症是在其父去世的1995年开始初现端倪的，到了2005年病情逐渐加重。其母在深夜总是每隔15分钟就起来一次，因此儿子不得不过上昼夜颠倒、睡眠不足的生活。因为当时儿子还要去上班，所以有好几次，这位母亲趁儿子外出上班便自己出去乱走，后来被警察看到送了回家。到了夏天，儿子申请了看护保险，把母亲送到公寓附近的机构，开始日托看护，即便如此，儿子也依旧过着日夜颠倒的生活。为了全力看护母亲，儿子在7月份向公司提出停职申请。到了9月，儿子因一边在工厂打工一边看护母亲而感到精疲力尽，干脆直接辞掉了工作。于是，儿子开始找能一边在家看护母亲一边干活的工作，但并没有找到。然后这位儿子跑了3趟区政府想要申请低保，但是都被拒绝了。终于，失业保险也领完了，信用卡贷款也达到了上限，每天连吃饭钱都成了问题，儿子不得不少吃一点。终于，儿子连3万日元的房租也付不起了，于是决定带着母亲一起自杀。

儿子想尽最后的孝道，推着坐在轮椅上的母亲绕着市内走了走，最后到了离家附近的河岸边，儿子一边哭一边对母亲说："我们已经没有钱了，已经活不下去了，让我们在这里一起结束吧。"

母亲一边摸着儿子的头一边说："不要哭呀。这样啊，不行了呀。一起，我们一起。"之后，儿子亲手杀害了母亲。

对于该起案件，京都地方法院于2006年7月做出判决，判处该男子有期徒刑2年6个月，缓期3年执行，因承认杀人，破格缓期执行。

法官在宣判完毕后，对该男子说了如下的话：

> 真是一个让人痛心的悲剧。今后你要一个人努力生活下去，一定不要放弃自己的生命，要为母亲祈祷，即便是为了母亲也要好好地活下去。

对此，这位儿子回答道："感谢法官做出的温情判决，我会尽快找到工作，为母亲祈祷冥福。"

该事件被媒体多次报道，在网上也引起了很多讨论。但是之后这位儿子怎么样了，大家并不知道。

在那之后又过了8年，也就是2014年8月，警察在琵琶湖周边发现了这个儿子的尸体，认定其为自杀。判决下达后，据说该男子一个人住在滋贺县的公寓里，在木材公司工作。2013年2月，他告诉亲戚自己被公司开除了，之后便再无音讯。

他选择自杀的理由，我们并不知道。他应该并不只是因孤独而选择结束生命。即便有牵挂他的亲戚在，他也不想依赖任何人，想一个人安静地死去。

这起案件并非是"对岸之火"，这是我们每个人身上都有可能发生的事情。即便结婚了最后也有可能是一个人；即便有子女，一切都依赖子女，最终也有可能酿成悲剧。这一点我们不能忘记。

我们要想在老龄化社会中活下去，就必须要有思想准备，必须知道我们自己要在此期间付出什么代价。

在该案件进行第一次判决时，法官还说过这样一句话：

> 该案件判决的不仅仅是被告人一个人，同时也是在提醒我们关注日本的看护保险和生活保障的现状。既然这种事已经发生了，那么应该如何避免此类事件的发生，相关

行政人员有待认真思考这一问题。

当然，让某个人来承担这种社会矛盾的责任是有问题的，而且这并不仅仅是相关行政人员的问题。我们不能将责任推给个人、推给孩子、推给行政人员和社会制度。我们每个人都必须认真思考这一问题。

本章主要写了独自生活绝不仅仅是不结婚导致的问题。并非结婚了就一直有光明的未来，这个道理我们谁都明白。但是，对于社会的未婚化、非婚化现象，还是会有很多诸如“总之，结了婚就万事大吉了”的言论。这些言论总是会让我产生一种违和感和恐惧感。

关于离婚的问题也是如此。网上经常出现一些毫无根据的报道和言论，例如“25岁以前结婚才会幸福”。每每看到这类言论，我就觉得媒体毫无责任心。不禁想说，你们知道结婚5年内的离婚率是最高的吗？还有很多人因为奉子成婚，过了几年又离婚，导致单亲妈妈在逐年增多，你们知道这个事实吗？此外，随着单亲妈妈的增多，还有很多儿童贫困问题，这一点我们也不能忽视。

无论是未婚化、晚婚化、少子化、老龄化，还是离婚数和单亲妈妈的增多，这些问题都不能单独分开来看，它们是一个整体，是随着整个社会向“单身社会”发展，一起出现并相互关联的，我们必须将这些问题联系起来思考和分析。不仅仅是未婚者，即便结了婚也随时有可能回到独自生活的状态，“单身社会”是整个社会中的每个人面临的问题。正因为如此，我们每个人都应该掌握独自生活的能力，我们应该将这一问题当作自己的问题来思考。

# 第五章　单身族们的消费

单身家庭占4成，单身人口占5成，单身人口容量逐渐扩大，如此庞大的一个群体也促使消费迎来了转型期。本章将从市场的角度，分析20—50岁独自生活的人（单身男和单身女）对市场带来的影响。

## 引领消费的单身者们

为了顺应家庭类型的变化，消费业态也在发生变化。这一点从过去的动向中就能看出来。

二战后的经济复苏时期，人们的消费中心从商业街的独立店面变成了超市。日本迎来了大量生产、大量消费的时代。从1953年第一家超市纪之国屋开业，到随后的20世纪60年代，大荣、伊藤洋华堂、冈田屋（现在转为线上超市）都相继进入市场，并取得了快速发展。在这一消费趋势中发挥核心作用的就是家庭主妇，因为她们掌握着全家的财政大权。

但是，进入20世纪70年代后，日本家庭的形式逐渐从“大家庭”转变为“核心家庭”。就像是迎合这一变化一样，70年代后半期的日本综合超市的发展停滞了。1974年，“7-Eleven”日本1号店在日本东京都正式开张，如今其便利店数量已经超过5万家。

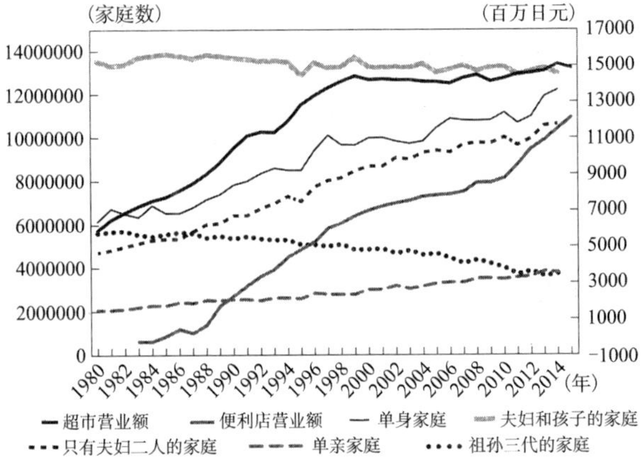


**图5-1　家庭类型的变化与超市和便利店的营业额之间的关系**

来源：家庭数来自日本厚生劳动省2014年《国民生活基础调查》，营业额来自日本经济产业省《商业统计调查》截至2008年前便利店FC统计调查（年报）

从家庭类型的变化与超市和便利店的营业额之间的关系变化图就可以看出这二者之间的关系（图5-1）。男性的终身未婚率开始急速上升是在1990年以后，这一时间也是便利店营业额开始急速上升的时候。此外，曾被认为是标准家庭的“夫妇和孩子的家庭”数量不再增长，同样，从1998年起，超市的营业额也开始停滞。

这是因为推动市场发展的消费群体变了。

曾经，去超市买东西主要都是家庭主妇的任务，而后来快速扩张的便利店，其主要顾客是单身男性。因为这些男性没有妻子能帮他们每天去买食物，所有东西都需要亲自去买。此外，他们的生活行为与便利店是高度匹配的。虽然便利店的东西价格稍微有点贵，但是便利店“开到深夜”“离家近”“有马上就能吃的便当”“有丰富的套餐”等这些特点，完全符合不怎么做饭的单身男性的需求。

除了单身男性，单身女性也经常光顾便利店。我们来看一下光顾便利店的单身男女们主要购买的物品（图5–2）。

便当、饭团和咖啡等这些东西是单身男性购买最多的东西。当然单身女性也毫不逊色，像一些零食、巧克力等点心一类的东西，还有布丁、巧克力、蛋糕等食物，女性们的消费就比较多了。听说如今便利店的热销产品是切好的一人份蔬菜和一些速食，这些食物的主力消费人群是单身男性。

便利店的销量增加，有人分析是因为像包括现冲咖啡在内的柜台商品、便当、面条、家常菜等这些熟食类以及甜点等食品制造业的快速发展，这些东西的主要消费群体正是单身男女。

根据一般社团法人日本特许经营协会发表的《2015年CVS统计年鉴》，所有便利店的平均客单价约609日元。单身男性每次去便利店的花费很少低于1000日元。他们的到店频率也很

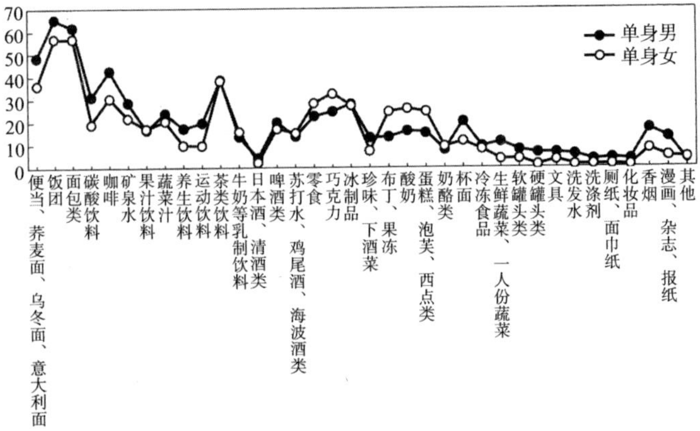


**图5-2　单身男女在便利店买的东西**

来源：2016年日本“单身男研究项目”调查结果

备注：1. 调查对象为20—50岁单身男女（n=272）。2. 单身男购买较多的商品是饮料类、杯面、生鲜蔬菜、日用品等。3. 单身男比单身女买点心和甜品的次数更多。

高，几乎是每天都到店。可以看出，到店频率和客单价都高的单身男性，对便利店来说是“座上宾”。

除了便利店，单身生活者还经常去超市。不同于以前，现在有很多超市也是营业到深夜。随着营业时间的延长，超市在不同时间段的客群也在发生变化。从早上开门至整个白天，主要是老年人光顾，到了傍晚主要是主妇们，晚上8点以后男性客人就开始增多了。他们大多都是一个人进超市，挎着购物筐，主要买一些家常菜和酒之类的东西。虽然不能完全肯定，但能够推测出来，他们之中的大部分人都是单身。虽然他们去超市的频率不像去便利店那么高，但平均每周也会去两次超市。

如果将他们在便利店和超市购买的东西分类来看，会发现很有意思的一点。去便利店，他们主要是买便当、饭团之类的加工食品或者是饮料；去超市，他们主要买牛奶、酒类、蔬菜、冷冻食品以及卫生纸等日用品，因为这些东西超市卖得便宜。他们并没有那种所有东西都要在便利店解决的心态。他们把应该在便利店买的东西和应该在超市买的东西严格区分开，这一点也是单身男性的购物特点。可以说他们的消费观是一种讲究性价比、有张有弛的消费观。

但是，他们并没有那种因为便宜就必须要多囤积的想法。在他们眼里，店铺就是冰箱。当然，绝不是因为他们家里没有冰箱，而是因为他们已经总结出了经验，那就是：只要因为便宜囤积了一次，如果当天吃不完，就只能放在那，等着食物自己腐烂。

买东西就是一种经验。在主要客群是主妇们的时代，主妇们积累了很多关于购物的见解和经验。如今单身男性也开始购物了，所以他们对于市场价格也是很敏感的。他们与那些已婚男性的经验是完全不一样的。如果去问已婚男性关于生菜和黄瓜的价格，想必几乎没有能回答上来的，而单身男性肯定都清楚。

## 单身男性的消费相当于一个家庭的消费

综上所述，可以看出，单身男性的消费能力已经上升到不容忽视的程度了。虽说如此，但是我们经常还是能听到一些“终究是男人，在消费方面肯定比不上女性吧”之类的讨论。确实，人们都认为“消费是由女人创造的”，而且很多销售宣传活动都是以女性为目标设计的。我曾经参加过企业和广告公司的讨论会，不可否认的是，确实有一种单身男性不被当作消费目标的感觉。大部分电视广告业都是面向女性设计的。从消费倾向来看，女性愿意花费可支配收入的75%，男性愿意花60%左右。相比于将大部分可支配收入都用于消费的女性，男性更容易被认为消费力低下。之所以这样，是因为过去的家庭收支调查基本上都是以2人以上的家庭为对象，单身家庭的男女消费倾向是看不出来的。事实上，如果比较单身男女的消费支出，就会发现男性的消费力并不弱。

如果只看一年的数据，单身男女的消费支出差额比较大，因此我们来比较2007—2015年这9年间的实际平均数据。从图5-3可以看到，在34岁以下年龄段，男性的月平均消费支出是168429日元，女性是175756日元，女性略高于男性；在35—59岁年龄段，男性的月平均消费支出是196917日元，女性是

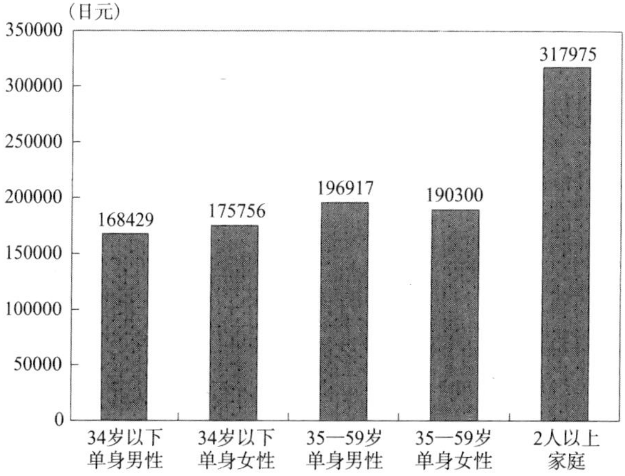


**图5-3　不同年龄、性别月平均消费支出额比较**

来源：笔者根据日本总务省《家庭支出调查》部分数据计算得出

备注：图为笔者制作。

190300日元，男性反而高于女性。顺便看一下，2人以上家庭的月平均消费支出是317975日元，这是按照平均家庭成员是3.4人的情况来算的，如果按家里只有2个大人来算，这些家庭的月平均消费支出还不及一个独自生活的人。

单身男性的消费特点是恩格尔系数高以及娱乐消费多（图5-4）。恩格尔系数是指食品支出（包括外出就餐）总额占个人消费支出总额的比重。一般情况下，这一数值越高说明生活水平越低。食品支出是指为了生存的必要支出，这一支出的最低必要限额因人而异。恩格尔系数高说明在个人消费支出总额中

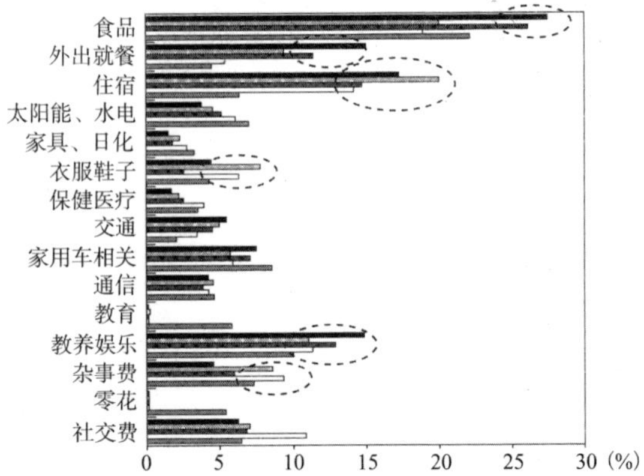


**图5-4　单身男性各项月平均消费支出类型构成**

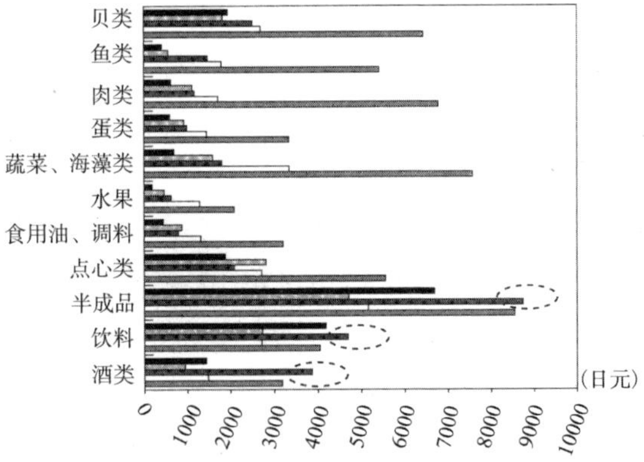


**图5-5　家庭月平均消费支出类型及额度比较**
**(不包括外出就餐支出)**

来源：日本总务省《家庭支出调查》

食品支出占比高，所以生活水平就低。

根据2015年《家庭支出调查》数据，单身男性恩格尔系数是27.9%，单身女性是21.9%，2人以上家庭是23.6%，可见单身男性的恩格尔系数最高。至于外出就餐费用，单身男性的支出更是2人以上家庭的2—3倍。从消费比例来看，单身男性超过家庭的支出部分是住宿费和教养娱乐费，单身女性高于家庭支出的部分也是住宿费，此外还有服装费以及包括美容费在内的杂事费。

然而，高的不仅仅是占比。从实际消费支出额（图5-6）来

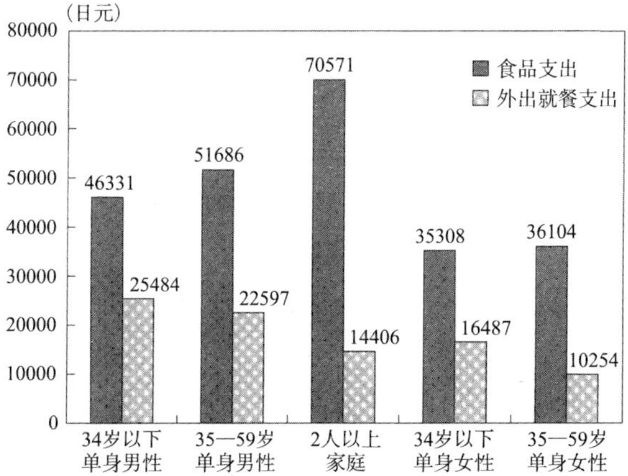


**图5-6 不同家庭月平均消费支出类型及额度比较**
**（食品支出与外出就餐支出）**

来源：笔者根据日本总务省《家庭支出调查》中部分数据计算得出

备注：图为笔者制作。

看，单身生活者在一些商品的消费上几乎与一个家庭持平。男性的食品支出中，便当等烹饪食物、咖啡等饮料以及酒类的消费支出额几乎与一个家庭的支出是一样的。关于外出就餐，单身男性的消费支出则远高于一个家庭的支出，也就是说，单身男性一个人的消费就远超平均有3.4人的家庭的消费。对于这一事实，大多数人都不太了解，媒体也基本不报道。这并不是不可思议的事情，因为对于食品支出，整个家庭分摊消费更实惠，人均的消费支出就被降下来了。

在单身男性的食品支出中，外出就餐的支出也很多。一个家庭平均每月外出就餐的支出是1.4万日元，而34岁以下的单身男性这一费用支出高达2.5万日元，35岁以上每月也有2.3万日元支出。可见一个单身男性和一个家庭每月外出就餐的支出差距有1万日元左右。就连34岁以下的单身女性，平均每月外出就餐支出也高于一个家庭，有1.6万日元。所以，外食产业也不能忽视这些单身生活者们。

今后，随着终身未婚率的不断攀升，还有晚婚化状况的不断加剧，这些客单价高的单身男性人口也会越来越多。此外，之后将有越来越多的女性步入职场，选择不结婚、不生孩子的女性也会越来越多，因此独自生活的女性也会越来越多。这些单身生活者们的消费能力远高于一个家庭，随着这部分人口的增多，整个食品消费力也会大幅度上涨。这部分人口很有可能是未来食品消费市场的主力军。

## 一个人生活的时间增多

增多的并不仅仅是消费频率和客单价都高的单身男女人口数量，随着晚婚化、非婚化状况的不断加剧以及离婚和丧偶情况的增多，在每个人的一生中，独自生活的时间也增多了。

通过前文所述，我们知道，结婚且与家人生活在一起、一个人自由生活，这二种人在消费方面有着很大的不同。例如，某男子根据自己的生活方式决定晚结婚一年，那么就意味着他用单身男的消费方式，又多度过了365天。这种情况就与已婚情况完全不同了，消费金额以及消费对象都不一样，最终对市场造成的影响也不一样。

所以，独自生活的时间与消费市场容量是紧密相关的。

1990年日本的平均初婚年龄，男性是28.4岁，女性是25.9岁。2015年日本《国情调查速报》显示，日本的平均初婚年龄，男性为31.1岁，女性为29.4岁，男女都晚了3岁。初婚年龄推迟的这3年，其实增加了独自生活时间。不，还不能这么一概而论。

男女的终身未婚率都在持续上升，离婚数也从1990年的15.8万件增加至2015年的22.6万件，增加了约0.4倍。若将初婚年龄的推迟、未婚率的上升、离婚丧偶情况增加等因素都考虑在内，并根据国情调查中不同配偶关系的情况，我们来对比一下，在独自生活时间长短方面，1990年和2015年有多大差别（图5-7）。

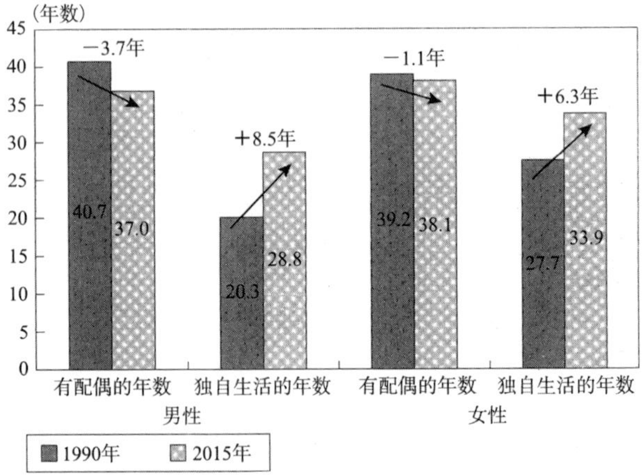


**图5-7　独自生活时间长短变化**

来源：根据日本1990年《国情调查速报》和日本2015年《国情调查速报》，从不同年份的配偶关系情况进行计算

备注：图为笔者制作（独自生活的年数的统计对象包括未婚、离婚、丧偶的，年龄均为15岁以上）。

从图中我们可以看到，1990年，男性在其76年的人生中，有配偶的年数是40.7年，独自生活的年数是20.3年；女性在其82年的人生中，有配偶的年数是39.2年，独自生活的年数是27.7年（数据均不包括15岁以下人士）。可见，男女在一生中，有配偶的时间是40年左右。女性独自生活的年限长是因为配偶去世得比较早。

但是到了2015年，这一数据就发生了变化。

男性在其81年的人生中，有配偶的时间是37.0年，独自生活的时间是28.8年；女性在其87年的人生中，有配偶的时间是38.1年，独自生活的时间是33.9年。虽然男性的寿命延长了5年，但其有配偶的时间减少了3年。同样，女性的寿命也延长了5年，但有配偶的时间减少了1年。也就是说，在这25年间，独自生活的时间，男性增加了8年，女性增加了6年。在男性的一生中，每人平均都多了8年的时间自己一个人生活，这意味着前文中提到的单身男性的消费行为也将同样增加8年的份额。这一群体的恩格尔系数本来就高，尤其是对于烹饪食品、饮料、咖啡、酒以及一些外出就餐的支出远高于一个家庭的支出。因此，至少对于这些商品，相关从业者要重新创造出顾客终身价值中8年份额的需求余地。这25年间便利店的快速发展也证明了这一点。

不仅仅是便利店，对于那些食品饮料生产商、外食产业等食品相关产业以及娱乐界，甚至是支撑单身生活的各种生活公共设施产业而言，针对这一目标人群的市场绝对是今后的蓝海市场。同样，50岁以下的单身女性市场也是一片蓝海。

我们不能只看到这一群体的人数增多，还要看到不结婚单身男女们的顾客终身价值。毫无疑问，这一群体对市场而言已经是不能忽视的群体了。

人们经常把这一群体与单身贵族混淆，事实上他们绝不是有丰厚收入的人群。他们不买奢侈品，也不抢购嗜好品和昂贵商品。当然其中肯定有一些人会在别人看来无法理解的奇怪癖好上白花钱，但是他们大部分的消费都是用于日常的吃住等这些生活必需开支。

在老龄化社会刚成为人们讨论热点的时候，拥有一大笔资产的老年人被认为是拉动下一场消费的目标群体。事实又如何呢？这些老年人虽然有大量存款，但是他们并不会用于消费。手里有钱却不花，这对消费市场而言毫无意义。与老年人形成鲜明对比的就是单身男女。他们平均一个人的消费就超过了一个家庭，这群人无论在人数还是在时长上，对消费市场的影响都很大。甚至可以说，他们改变了消费业态结构。

之前一些市场活动和市场的产业形态结构都过于以“夫妇和孩子的家庭”模式为主了。今后，“夫妇和孩子的家庭”只会减少，根本不可能增多，这一点几乎可以肯定。在单身人口占总人口一半的今天，那些一直以来只面向家庭的服务即将触顶，不可能再有发展。可以预想到，除了单身家庭以外，“只有夫妇二人的家庭”也会逐渐增多。这类家庭也有可能在未来成为“夫妇和孩子的家庭”，但是不要孩子的家庭也会不断增多。此外，家庭主妇或“家庭主夫”的模式也会越来越少，取而代之的是夫妇二人共同工作的家庭。这样一来，夫妇二人就需要一边工作一边熟练地做各种家务，会很辛苦。如果自己在家做饭还需要备菜和收拾，相当麻烦。于是夫妇二人就会选择放弃在家吃饭，工作日都是各自在外面吃或者是买速食，这种模式就会很轻松。可以说这些人就是“虽然结婚了，但行为还是单身生活者”。

消费者的需求应该逐渐偏向于单身生活者，单身生活者的消费形态也逐渐会变成主流。那么，如何抓住这些单身消费者们日常却又旺盛的消费行为呢？还有，怎样重新激起这些人的消费需求呢？我想这些问题都是今后消费市场的关键。

## 消费的单位从“群体”变成“个人”

日本总务省公布的《家庭支出调查》是国家基本统计之一，这一数据有助于掌握消费者的实际消费情况。原来该调查的调查对象是2人以上的家庭，一个人生活的单身家庭并不在其调查范围内。将单身家庭作为国家统计数据，并作为调查对象是从近些年才开始的。分别进行家庭收支调查和单身家庭收支调查，是从1995年开始的；正式把单身家庭作为家庭收支调查的对象是从2002年开始的。

一直以来，我们了解消费者的消费动向都只是看由主妇维持的“家庭”，但是我们不能忽视早晚要占4成比例的单身家庭。即便是和家人住在一起的单身者，只要经济独立，也应该将他们的消费行为与家庭的消费行为进行区别分析。

此外，收视率也是一样的问题。目前说收视率都是指“家庭”这类群体的收视率。但是“家庭”并不是一个活生生的东西，构成“家庭”的是一个个单独的“个人”。所以今后我们应该多去了解“个人”的消费、“个人”的收视率等这些“个人”的行为。此外，这些“个人”的消费或者行为是否属于“家庭”这一集体行为，这二者又有什么差别，我们有必要来重新审视。

因为正如前文所述，单身男女这类单身生活者和已婚有孩子的家庭，他们的消费方式和渠道都不一样。这与两个群体的消费意识的不同有很大关系。

## 随时代而变化的消费意识

在讲单身生活者的消费意识之前，我先简单概括一下消费意识的变化过程。

最近几年经常能够听到一些“人们已经丧失物欲了”这类言论。消费者们不买东西了，年轻人群体中流行着一个“×断”的词语。这个词延伸出很多词，让人觉得好像所有东西都能加上一个“断”字，而且都没有违和感。

从以使用价值为核心的“物质消费”到以体验价值为核心

的“体验消费”，这一变化并不是最近才开始的。我最初接触到这个概念是在伯德·施密特所著的《体验营销：如何增强公司及品牌的亲和力》一书中。施密特说“能与人们的生活方式建立联系，且具有体验价值的商品和交流才能打动顾客”，所以在市场活动中要采取体验式营销的方式。

体验式营销（Experiential Marketing）是站在消费者的感官（Sense）、情感（Feel）、思考（Think）、行动（Act）、关联（Relate）5个方面，重新定义、设计营销的思考方式。体验价值可以分为“sense：感官体验价值”“feel：情感体验价值”“think：创造、认知体验价值”“act：行动、生活方式体验价值”“relate：兼容集体或文化的关联关系”这5大部分。我们应该综合使用这5个部分，来构建自己的品牌。这一观点对当时的社会来说是相当有冲击性的观点，而且直到现在也依然通用。这一理论并不是否定商品的价值，商品当然有价值，而是说能给这个价值加码多少体验价值，让其有附加价值。

仔细想想，日本经济高速增长时期就是物质消费的时代。

20世纪50年代，基本上每家每户都会购买“三大件”（黑白电视机、洗衣机、冰箱）。到了20世纪60年代，被称为“3C”（彩色电视机Color TV、空调Cooler和汽车Car）的“新三大件”又成了消费新宠。空调真正大范围进入国民家庭是在很久以后，而彩色电视机的销量却因为1964年东京奥运会而实现爆发性增长，到了20世纪70年代，彩色电视机的普及率已经达到90%。

但是，受到第一次石油危机的影响，1974年日本经济自二战后首次出现1.2%的负增长，大量生产和消费的经济高速增长期终结。虽然经济出现负增长，但商品并非就失去了价值。这一时期，人们在选择商品的时候，开始从“要和大家一样”的想法转变到要“差别化、个性化”，开始关注到东西不一样的品质和价格。在这个时期，一些营销宣传中开始使用“生活方式”等这样的词，人们的消费习惯也从“要买齐别人都有的东西”变成了“选择适合自己的东西”。1975年女性时尚杂志《JJ》（日本光文社发行）创刊，1976年男性时尚杂志《POPEYE》（日本Magazine House发行）创刊，随后“POPEYE少年”一词诞生，成了爱美的代名词，同时时尚界还掀起了一股叫“New traditional”[①]的热潮。

1980年，田中康夫出版了一本《像是水晶》的小说，书中明确了消费就是自我表现的工具。穿什么牌子的衣服，开哪个牌子的车，在哪家店里吃饭，等等，这些都是表现自己的重要标志。同样在20世纪80年代，随着泡沫经济的发展，媒体报道的消费主要群体也从主妇变成了年轻人。

丸井百货经常半价卖一些设计师品牌的衣服，所以经常能够看到商场从开门前就排起了长队，而且排队的人不光是女

①New traditional，简称“New Trad”，20世纪70年代中期到80年代中期在日本流行的服装样式，被认为是现代品牌热潮的起源。

性，男性也有不少。虽说是半价，但是对于当时还没什么经济能力的大学生来说，仍算是很贵的牌子。大学生买这些东西都是用分期付款的方式，当时信用卡还很少见。并不是有钱才去买东西，而是先买了，之后再分期支付，一种新的购买方式就这样诞生了。这样一来，通过买东西，就能将自己的个性和自我外化出来。

穿着促销时候买来的套装，就像是武士穿的有垫肩的连体服一样，在刚开业不久的MAHARAJA舞厅畅快跳舞，在贴面舞时间和女生搭讪。这就是那个时代的景象。明明每周都要去湘南冲浪，但偏要一动不动地等着浪来的“等浪冲浪者”以及本来就不去海边，只是为了时尚的“陆地冲浪者”也涌现出来。这个时代，走在路上的男人们都要在腋下随意夹一个小包，以彰显时尚。

顺便说一下，由HOICHOI PRODUCTIONS担任企划，原田知世主演的电影《雪岭之旅》，以及由中山美穗主演的电影《拥抱波浪》，都产生于这个时代。

当时，即便是大学生，男生也都有自己的车。因为比起真的喜欢哪个牌子的车，他们更在意的是，拥有自己的车是一种自我表现的方式。当时丰田推出了一款AE86（现在的DE86）的雷凌和TRUENO的车，非常受欢迎，本田也推出了Prelude XX，销售情况良好。

作为这个时代的消费标志而备受关注的就是这些“新人

类”。这些“新人类”大都生于20世纪60年代，在1987年前后大学毕业进入社会。他们这一代人不被当时的大人们理解，觉得和大人们之间有很深的代沟，现在这代人应该都已经50多岁了。实际上，这个时候“御宅族”也已经诞生了。很多时候，“新人类”和“御宅族”就像阳光和阴影一样，被放在对立的两个位置，事实上他们本质上都是一样的。关于“御宅族”，本书暂不深入讨论。

人们常常误解，认为“新人类”牵动着那些个性化和自我表现的消费潮流，事实上绝非如此，反而是他们的上一代人拉动了消费。上一代人在泡沫经济的推动下，喜欢买高级车或者奢侈品，因为比起自我表达，他们更在意实现或彰显自我。可以说在这种消费“麻醉剂”的影响下，那个时代的消费观念已经有偏颇了。

进入20世纪90年代后，社会发生了巨大变化。可携带电话和PHS（Personal Handy-phone System，个人手持式电话系统）出现了。随着手机的普及，人与人之间自我表现的消费不断重叠，逐渐向交流式消费转变。手机本身并没有什么价值，人们越来越重视通过使用手机得到的体验价值。

提到体验价值，很多人都认为是海外旅行或者是去一些主题公园等的非日常体验，而事实并非如此。人们买东西的目的逐渐变为通过使用这个东西得到一种体验，我们日常生活中的购物行为也包含这个目的。

2000年以后，随着互联网的普及，交流式消费变得越来越重要。除了前文提到的施密特的“体验式营销”，马克·戈贝还提出了“情感品牌”，杰伊·莱文森提出了“游击营销”，人们开始提倡，引起顾客的共鸣才是今后打造品牌的关键。市场宣传的考虑角度也开始从物质消费（重视使用价值）向体验消费（重视体验价值）转变。

2002年开始，能拍照的手机开始流行，SNS也突然人气暴涨，于是这一趋势更加快速流行。根据日本总务省信息通信政策研究所公布的《博客实况相关调查研究报告（2008年）》，2001年初，博客数几乎为零，到了2004年9月就已经突破了100万，2005年10月达到了300万。2005年7月，日本社交网站Mixi的用户突破100万，Mobage-town和Green的用户也相继在2006年和2007年突破100万。Mixi、Mobage-town和Green这3个网站的用户数也相继在2008年、2009年、2010年突破1000万。

如今，人们只能做一个接收信息的消费者群体，在当时，人们能自己主动发布信息。发挥这种作用的媒体，被称为消费者自主媒体[1]（Consumer Generated Media，简称CGM）。

消费者开始找一些由个人发布的产品评价、服务体验等，

①指消费者自己发声的媒体，也就是一些社交媒体，即由消费者或者网络用户通过论坛、博客和其他社交媒体发表对一些产品、品牌等的观点、建议、体验、评论等。可以说它来源于消费者，服务于消费者。

然后再去有针对性地消费，可以说是为了满足一种交流而发生的消费行为。例如，有些人并不是为了表达自我才买衣服的，而是为了自拍买衣服，这也是一种为了交流而产生的消费行为。当然并不是说表达自己的消费已经完全没有了，只是如今消费者不会因为产品性能好就买了。只要做出好的产品，并被大众所熟知，大部分人都会买，这样的群体消费时代已经过去了。因为当消费者越来越重视体验价值，消费行为也就越来越受“个体”判断标准的影响。

## 从物质消费到体验消费，再到情感消费

以上内容，概述了从日本经济高速发展时期到现在，国民消费趋势是如何变化的，即从“物质消费”到“体验消费”，从为了“自我表达”而消费到“为了交流”而消费。同时，消费单位从“群体”变成“个人”，也和这一变化紧密相关。

接下来，消费正在进入另一个阶段，而且我认为未来的消费正在转向以单身生活者为中心。曾经的“拥有商品”“表达自我”“体验交流”等消费目的，如今已经变成了手段，消费的目的已经变成了谋求精神的安定和富足。不论是所有价值还是体验价值，都只不过是配件，通过这些配件获得的“精神价值”越来越被人重视。

想必大家都知道日语中有一个词叫“エモい”，意思是“令人感动的”，通常用来表现“情感被撼动的状态”“情感高涨、想要强烈地诉说内心的激动”等意义，在感情受到动摇、无法直叙心情、“虽然无法很好地说明，但觉得（某个事物）很好”时可以使用。这个词并非年轻人专属，事实上作为网络俚语，该词早在10年前就已经有人在用了。日语“エモ”是英语“emotion”的缩写，关于这个词的解释众说纷纭。

一开始是说从一种叫作情绪摇滚（EMO）的音乐风格中来的。情绪摇滚诞生于20世纪90年代初中期，旋律优美，歌词大多表达一种哀伤的音乐色彩和痛苦的心情。所以有人说这个词是专门用来“表达莫名的寂寞和悲伤的心情”的，是涩谷辣妹专用的“辣妹语”①。现在这个词很少用来表达这个意思。好像这个词还有作为“エロい＋キモイ”（猥琐＋恶心）的组合意思出现的，这个用法就有很多了，不过基本上都是用来表示类似于“心动”“震撼心灵”等感动的意思，或者是“不能用语言表达出来的好”等这些超越逻辑的情感。

将“エモい”这个词变成人们口头禅的人，是“现代魔法师”、新媒体艺术家落合阳一，他对这个词的定义是最容易理解的。落合阳一认为，“エモい”是一种站在逻辑的反面、乍一看

①指20世纪90年代中期以后，以涩谷辣妹为中心使用的语言。她们使用的语言有省略语、英语直译，也有很多地方方言。由于大多以涩谷为发源地，所以也有一些人称之为“涩谷方言”。辣妹语每天都发生着变化，不少词语在短期内就不再使用了。

觉得不太行的意思，表达了一种“物哀”[①]或“清趣”[②]（日语为“をかし”）。“をかし”在《枕草子》中被译为“非常有意思”，此外这个词还有“美丽”“有趣”“精彩”等很多意思，是一个含义很深的词，好像确实会“有那么一种说不出的感觉”。既然是站在逻辑的对立面，这个词语的含义本身就很随意，什么都可以。

我认为，能否创造出“エモい”这样的情感，是今后消费的关键。我们将这种作为精神消费的消费定义为“エモ消费”，也就是“情感消费”。那么，“情感消费”具体指什么呢?

2016年大火的电影《你的名字》就是一种“情感消费”。一般只要是热映电影，基本上都会有这种情况，那就是同一个人会来回看好几遍，反复欣赏。这种感觉不就是那种“不知道怎么表达”的感觉吗，有一种“还想再体会一下那种感觉”的欲望。2016年由PICO太郎表演、火遍全球的歌曲《PPAP》也是这个道理。大家可能会觉得“我没有因为看视频而花钱，所以不算是消费”。事实上消费不只有金钱消费，还包括时间消费。传播某个视频，或者对某视频进行二次创作而花费的时间就是一种“情感消费”。

虽说如此，“情感消费”并不是一些表面的东西，那些只是

①日本江户时代国学大家本居宣长提出的文学理念，表示“真情流露”的意思。

②日本古典文学的重要文学理念之一。意即采取感性而积极的态度,欣赏纤细的、动态的、和谐的美。

倾诉感情让人感动，且瞬间能够引起话题的内容，并不属于“情感消费”。一些影像或话语无论多么让人感动，让人产生共鸣，但如果其本质上没有什么精神价值，那么就毫无意义，很快会被人们忘记。

首先我想探讨的是“情感消费”的“情感”到底是什么。“情感消费”大致是由两个欲望引起的消费。

这两个欲望就是人类最本真的欲望——认同感和成就感。“情感消费”让人能够通过实现这两个欲望而得到幸福感。当然，有时即便不消费也能满足这两个欲望，比如在工作、学业或是运动中实现，或是在恋爱或养育孩子的过程中实现。

我们经常能够听到父亲们说“每每看到孩子的笑脸，自己的疲惫就烟消云散了”。这就是因为在自己的世界中得到了认同感和成就感，才会有这样的感情。即便对象不是孩子，换作恋人或者另一半，他们也会有这样的感情。假设有一位已婚男性，工作不顺心，没有出人头地，也得不到认同感和成就感，但即便如此，只要他看到家人们的笑脸，就会感觉到自己是家里的顶梁柱，会认同自我，从而振作起来继续向前。

然而，单身的男性或女性就没有能给自己力量的孩子或是另一半。已婚男女平日里感受到的“家人们带来的幸福”，无论多么宝贵，单身男女们在物理层面上也都没办法感受到。没有家人也没有必要烦恼，但是根深蒂固的结婚观念或是无意识的家庭观念，还是会让单身男女们与“不结婚的自己”产生一种认知不和谐的感觉。所以为了彻底消除“未婚没有家人的人是不幸福的”这种歪理，人们很想去创造一个事实，那就是“虽然未婚、没有家人，但是我过得很幸福”。这时，通过消费就可以获得某种认同感和成就感，可以说消费行为属于一种代偿行为。代偿行为是指，当人遇到难以逾越的障碍时，往往会放弃最初的目标，通过达到实现类似目标的办法，谋求愿望的满足。

顺便说一下，消费之外也存在补偿行为，那就是工作。一般情况下，能在工作中得到认同感和成就感的人，大多都是从事设计、写作或影像制作等专业性高的职业，尤其是自由职业。他们绝对不是只为了钱而工作，还会为了自己的幸福。对于这些人来说，很多时候工作本身就很开心。从事这些行业的人的终身未婚率高或许就是这个原因。

那么，在消费行为中得到认同感和成就感是什么意思呢？举一个很简单的例子，那些沉浸在自己感兴趣之事中的人，通过消费时间和金钱来获得精神上的满足的人，这就是“情感消费”的爱好者。

曾经有一段时间，给手机游戏充钱的人成为大家议论的对象，这些人当中的大部人都是单身男性。他们通过给游戏充钱，提升自己的“战斗力”，从而在这个团体中成为英雄。对于他们而言，这就是一种认同感，也是一种成就感。同一张CD买了好几张，这种行为在对CD没有兴趣的人看来，想必也是很难理解的。但是这种消费是一种从自己偶像那里得到认同感的手段，也是一种通过成就感来满足自己的方式。

不仅仅是在游戏或者偶像身上花钱，日常的消费行为中也存在认同感与成就感。

例如，单身女性因为想被治愈，去吃甜点（最近很多男性也选择去吃甜点，或者是稍不小心就比女性吃的甜点还多），去泡温泉，或是去练瑜伽和蒸桑拿，等等，这些行为都是一种想要得到认同感的消费。此外，还有为了在SNS上得到更多的“赞”，买一些用于自拍的衣服，去需要排长队的餐厅排队，等等。打着“奖赏努力的自己”的旗号，买一些贵的东西或者去高级餐厅吃饭，等等，这些“奖赏式消费”也都是为了实现“自我认同”而产生的消费。

有一些单身男性，每天上班都去同一个自动贩卖机上买同一个品牌的罐装咖啡。这对于他们来说，就是一种小小的成就感。所以，偶尔遇到这个牌子的咖啡卖光了，他们就会很失落。

此外，据说他们还会在每天晚上下班的时候，去同一个便利店买东西，买的东西也总是一样的。他们肯定会买一个牌子的啤酒、一个牌子的香烟以及一个类型的甜点，即便偶尔会多买一些其他东西，但这三样是每日必买。一年365天，除了因为生病不能出门，他们都会买这三样，即便是出差去别的地方也依然一天不落，这也是一种小小的成就感。据说，因为他们全年固定买一个牌子的消费习惯，连便利店的店员们都记住了他们经常买哪个牌子，店员一看到他们进来，就早早地给他们备好了那个牌子的烟。不得不说，这可真是小小的成就感啊。

成就感的大小暂且不论，但是这肯定是与整个消费情况息息相关的欲求。通过消费来满足认同感和成就感，单身男女们就会感到幸福。消费是直接关系到他们幸福的一种行为，或许对于没有家人的单身男女们来说，消费是一种让他们感觉到自己在生活的情感行为。

所以他们在选择消费对象时就很在意，他们的眼光很严格。对他们来说，商品最基本的当然还是要有良好的性能，但是也不仅限于此，如果他们不认可商品的品牌由来或是创立故事，就不会去买。

如果只是表面上让人感动的视频广告，即便是有100%认知度的商品，他们也不会买。无论多喜欢这个企业或者品牌，如果这个商品无法带来任何精神层面的价值，他们就不会为此掏钱。有一些商品大家都很喜欢但是卖得不怎么好，就是这个原因。此外，以前的人们都还遵奉集体主义，认为“大家都是这样”，所以不太好主动选择。如今的时代，如何让每个单独的“个体”体会到认同感和成就感才是关键。

大家一旦认可一个品牌并支持它，那么就会长期用下去。这个行为早已超过了单纯的购物范围，甚至和选择人生伴侣一样重要。

如今整个社会好像都认定，单身生活者的幸福感很低。按照传统的结婚观念和家族信仰，大家会产生一种社会暗示，认为这些人“缺乏家人带来的幸福”。至于更多详细的理由，我将在下一章中详细说明。所以，单身生活者们想要通过消费来打消社会的这种“偏见”，那么，他们消费的对象就不仅仅是商品的价值以及体验价值，还要追求“与幸福紧密相关的精神价值”。对于他们不认可的价值，他们一分钱、一分钟都不愿意花，而对于他们认可的价值，他们会毫不吝啬地在这一商品上花费时间和金钱。这个道理已经不能通过语言逻辑来说清楚了，可以说已经到达了只能用“エモい”来描述的地步了。这才是单身男女的“情感消费”，是他们很大的消费动力。

随着独自生活人口数量的不断增加以及消费机会的不断增多，如何唤起单身男女们那些看重精神价值的“情感消费”，以怎样的方式刺激他们的认同感和成就感，这是我们今后需要研究的关键问题。

## 正因为尚未完成，才能持续产生成就感

从市场营销的角度来看，如果我们把单身生活者当作客人，如何才能刺激他们的认同感和成就感呢？

时隔多年后，又听到现在有人说如今的时代是“东西卖不出去的时代”。这绝对不是因为东西本身不好，而是因为我们都没有考虑好包括传播方法、销售方法、邮寄方法，如何通过这

些方法来刺激客人的认同感和成就感，甚至让客人产生怎样的行动等这些问题，可以说是因为我们还没有把这种期待传达给消费者。

过去，只要把好的东西作为成品展示出来，就能卖出去，但是那个时代已经过去了。如今，制作者和销售者都很严谨，他们想先把东西做好再展示给消费者，这当然是必须的。但是，商品所拥有的价值已经越来越薄弱，因为市场上有很多类似的商品，如果只是一个完成的东西，那么这个东西就没有值得选择的价值了。

所以，必须敢于改变思路。

这里有一个关键词那就是“未完成”。将未完成的状态展示给顾客，完成的工作交给顾客自己来做。

这并不是说将产品在制作过程中就卖出去，也不是说在产品开发阶段就问询顾客建议，而是说产品本身还是由制作者来好好地完成，但是要改变宣传方法和销售方法。

企业内部经常会讨论新产品的开发计划，如果是大企业的话，这类会议还会开很多次。但是，因为是大企业，最终要做出决定的这一过程往往会很慢。这也是十分正常的，因为一旦投入量产，如果卖不出去就会陷入库存风险。因此，企业一般都会花费大量时间去做多次前期调查和验证，才会推出商品。目前，这一过程都是在企业内部完成的，顾客只是等着商品发售而已。

但是，有一种方式是可以将这一过程完全公开进行的，这种方式就是众筹。

众筹源于crowdfunding一词，是指大众筹资或群众筹资，是一种通过网络从不固定的一些个人（支持者）手里募资的模式。作为给支持者的回报，有不涉及钱的“捐赠型”、有金钱回报的“投资型”以及购买一些权利和物品进行支持的“买入型”这3种。在日本，“买入型”的众筹比较多。

现在网上已经有很多众筹的项目了，有的众筹是出于个人兴趣，有的是一些初创企业集资，还有一些是餐饮店、服务业的促销活动，于是，最近很多大企业的市场调研中也开始利用起众筹这种方式。就拿一家电机企业来说，有一个具有挑战性的产品设想在公司内部的会议上没被通过，为了调查这一产品的市场需求，就用了众筹这一方法，没想到收到了目标金额10倍以上的筹款，可以说是大获成功。

在如今的消费市场上，企业还是要努力去做出一些新的东西，这一点是没有变的，但是让产品面向顾客（如果是众筹的话，就是支持者）的方法变了。

无论是多好的产品创意，如果没有支持者，也没有筹集到目标金额，那么这个项目就失败了，这个产品就不会问世。当然，一些有钱的大企业依靠自己的资金实力很容易就能推出这一产品，但是那样的话这家企业的信用就完全崩塌了。

可以说，企业和支持者在某种意义上信用是相关的，相当于双方成了命运共同体。如果产品成功了，企业会将该产品第一时间送到支持者的手里。这就有一种特殊的感情，对于支持者而言，是最大的成就感。

虽然所有的企业都在拼命研发和制作产品，但当你将还没有上市的东西的制作过程让这些支持者们亲眼看到，这就让他们产生了一种像看着自己孩子长大的心情（即便是没有孩子的支持者，也会有这种心情）。这才能有“エモい”的感觉。如果支持者不够的话，想到这个“孩子”没办法“出生”，他们就会自发地进行扩散，向别人推荐。

由片渊须直执导的动画电影《在这世界的角落》就是通过众筹来实现拍摄的。这部电影众筹了82天，一共获得了3900多万日元的支持。作为回报，在电影的片尾会列出这些支持者们的名字，当时一共有1933人支持。在这一过程中，支持者们并没有收到具体的实物，但是他们有了一种一起参与创作的成就感。这才是真正的命运共同体。

就是因为参与其中，顾客们才更会对产品满心期待。

对于消费者来说，产品说到底就是为了获得喜悦感的一个工具。如果是这样的话，希望企业能给消费者提供一条起跑线，让他们能够利用这个工具采取行动，连顾客未来的行动都包含在产品中。所谓的“未完成”就是这个意思。

顾客怎样行动那是顾客自己的问题。但是，只要他们参与进来，就会有很大的成就感，就会感到幸福。有过一次成就感的人就会一直参与众筹。这就产生了成就感的连锁反应。真是没有比这更幸福的了。

同时，这对企业也有很大的意义。企业没有机会直接接触到个体消费者，只能通过流通的门店这种摆摊似的售卖，让顾客看到。但是如果利用众筹，企业就能直接接触到顾客。不仅如此，那些反复支持企业的人就会成为这个企业或者产品的忠实用户。对于这些忠实用户来说，甚至可以为他们提供一份专门的菜单，来实施众筹。

展示未完成的产品，对于顾客来说，是一种能够满足精神价值的成就感。我认为这就是“情感消费”的一个切入点。

## 消费的形态正在发展为“个体对个体”

上文中这些现象在近几年更是急速涌现。随着智能手机的普及和网上购物结算逐渐简单化和快速发展，共享经济也开始普及。所谓共享经济，就是共享东西，不个人占有，将个人所持的东西或者服务，通过共享或者几个人之间来回借的方式而成立的经济模式。

这种经济模式最早兴起于欧美国家，具体的例子就是爱彼迎（Airbnb）和优步（Uber）。爱彼迎是一个房主将自己家的空屋子作为酒店出租出去的一个网站。优步是一个车主利用自己空闲时间开着自己的车去载人的一种服务。前文中提到的众筹也是共享经济的一种。

不仅仅是个人之间的物品或场所可以共享，企业持有的资产也可以共享、租赁。在以前的消费形态中，企业是作为制作方、销售方，大众是买方和使用方，这是两个群体，而这种共享经济明显不同于之前的模式，成了“个体对个体”的形式。

当然，共享经济本身就是一种看重性价比、追求经济合理性的经济模式，这种模式并非只限定在单身群体中，包括已婚者在内，对很多人都有利用价值。但是，并不仅仅是因为这种模式具备经济合理的价值，作为一种新的消费模式，这种“个体”和“个体”能够面对面建立联系，对于单身生活者而言，意味着产生新的认同感和成就感的机会和场所又扩大了。

不仅仅是东西或场所，共享或租赁自己的能力也是共享经济的一种，这种模式叫作“群众外包”，简称“众包”。群众外包是混合群众（crowd）和外包（outsourcing）词义而产生的混成词。企业等将业务外包给特定的专门机构，这种模式叫作“外包”，而“众包”的对象是一群没有被特别定义的群体（非被指派的、特定的群体），企业将业务外包给这群人。这是一种新的工作方法。

以做饭为例，做饭对于单身消费者而言是十分耗费精力和低效的事。即使买得很便宜，即使在超市或者折扣店囤购了蔬菜和肉，结果只用了一人份，剩下的食材就只能等着坏掉了。

这样一来，去选择那些单价虽然高，但是只有一人份的商品，反而更节省。单身生活者选择便利店的理由，也是一种从长远看，考虑性价比的意识。

虽说如此，也有很多单身女性想做饭，而且最近不少单身男性也越来越会做饭了。对于那些自己不做饭的单身男性来说，除了外出就餐，他们肯定也想偶尔吃吃自己亲手做的菜。对于这种潜在的需求，人们可以考虑将做饭的手艺共享。

如果超市或便利店能设置一个共享厨房，那么就可以好几个人一起买一份食材带到厨房，一起做饭一起吃。如果有人哪天想吃别人做的饭，就会顺道来便利店或者超市了。这样就创造出一种介于在家吃和吃半成品之间的新需求。

这样一来，对于那些喜欢做饭的单身女性来说，就可以定期在便利店或者超市有偿共享自己的料理，考虑开一个"Lady××的私人厨房"，对于老龄单身女性，还可以开一个"妈妈的味道"的私厨。无论是哪种形式，在这里，做饭一方可以得到认同感和成就感，吃饭的一方可以得到幸福感，这就能够达到一种共享"エモい"的效果。从这一点来看，这是很好的事情。当然，这种模式也不仅仅只适用于单身生活者，对于一些家里孩子长大后自己没什么机会做饭的家庭主妇来说，也是一种很好的社交活动。

共享厨房这一业态如今已经有很多了，现在很多租赁厨房渐渐没有什么发展空间了。未来，我们可以期待有一个场所既是购买食物的卖场，又是每个人能共享技能的地方。这种将商品、场地、人整合在一起并相互分享的共享经济，也会促进店铺食材、酒水饮料等的销量。卖东西的店铺通过这种共享机制，可以从“卖东西的场所”向社交场所转变。这和堀江贵文提出的“便利店居酒屋”的形态是一个意思。

此外，对于一个单身生活者来说，买一瓶好几万日元的葡萄酒或者是一份100克就需要1万日元的牛排，是有点经济压力的事，也需要消耗它的一些勇气。但是，在这种社交场所，大家一起平摊费用，举办酒会或者是牛排会，算下来每个人的负担就会小很多，大家都会很开心地用餐。

因此，并不是不结婚、没有家人，就不能享受到温馨的饭菜。相反，即便结了婚、有家人，在饭桌上感到冷淡、孤单的也大有人在。对于那些女儿嫁人，没人陪着一起吃饭的父亲而言，这种地方就会让他们稍稍产生一种“エモい”的感觉。

顺便说一句，提到共享经济，大家或许会觉得这是21世纪的新经济模式，其实这种经济模式早在江户时代就已经有了。当时有一种店叫“出租店”，是一种想用的时候交一些租金就可以使用的买卖商店。从衣服、被子、蚊帐、餐具到婚丧嫁娶用具、雨具、道具、家具、榻榻米，甚至是大板车等，几乎所有生活必需品都能出租，这个店铺就是靠出租这些东西维持的。听说还有人为了去吉原，想要好看些还去租借兜裆布。所以，共享经济早已从那个时代就扎根于日本人的生活中了。

# 第六章　单身社会的未来

随着终身未婚率和离婚率的持续攀升，单身家庭占比高达4成，还有因离婚丧偶造成的老龄单身女性的增多，我们即将步入有近一半人口是单身生活者的社会。遗憾的是，这些人对少子化问题的解决毫无帮助，但是这并不意味着他们的存在是毫无意义的。不少人总是认为结婚、生子、拥有家庭才是人生的标准。然而，我们真正应该关注的问题并不是这个，而是我们每个人都随时有可能恢复到一个人生活的状态。

单身生活者的消费力旺盛，如果能够不断丰富专门为他们设计的商品或者服务，就会创造出一些无法想象的新需求，这里可能隐藏着巨大的潜力。

即便如此，肯定还是会有人说“独自生活的人就是不幸福的，那种生活方式不可能幸福”。我不禁想追问这些人，难道看到单身者幸福，会有人苦恼吗？

那么，拥有什么才算是幸福呢？

## 单身生活者不幸福吗？

因为幸福没有绝对的标准，所以很难定义什么就是幸福。如果与过去相比，现在运气好转了，那就有可能会感到幸福，但是，相对的东西更无法量化。

事实上，日本人的幸福度本来就不高。

美国著名智库皮尤研究中心在2014年对全球范围内的43个国家的国民进行了幸福度的调查。调查结果显示，日本国民的幸福度是43点，美国是65点，德国是60点，可以说日本是发达国家里幸福度最低的，甚至比中国、韩国、印度尼西亚等国家还低。一般情况下，一个国家的GDP高低和国民幸福的高低是呈正相关关系的，而只有日本成了唯一的一个“GDP高，但国民幸福度低”的特殊国家。

有人说这是因为日本谦虚的国民性，比起优点，日本人会首先考虑风险，而且他们会更注重与周围人达成一种和谐，有一种和谐主义思想。这种理由看似合乎情理，但是没有任何意义。因为幸福是每个人自己心里的感受。有人会因为一点小事就感到幸福，也有人即便有钱、住着豪宅也会感到不幸福。

人们常说，没有家人的未婚者，其不幸福指数会更高。根据对已婚、未婚以及男女在不同年龄段的幸福度调查，我们发现确实已婚者感到幸福的时候更多（图6-1）。从图6-1可以看出，已婚者随着年龄的增长，幸福感会稍微下降，但是基本上所有年龄段都差不多。而未婚者在40岁年龄段内，男女的幸福感都是最低的。尤其是40岁年龄段的未婚男性，他们感到幸福的比例只有36%。不过，感到不幸福的比例却一直没太大变化，一直是28%左右。或许你会认为，到了40岁还没结婚的男性，就是因为结不了婚才会感到特别不幸福。当然也可以这么认为，但是并非都是如此。相反，到了50岁后，男女的幸福感都有所上升。

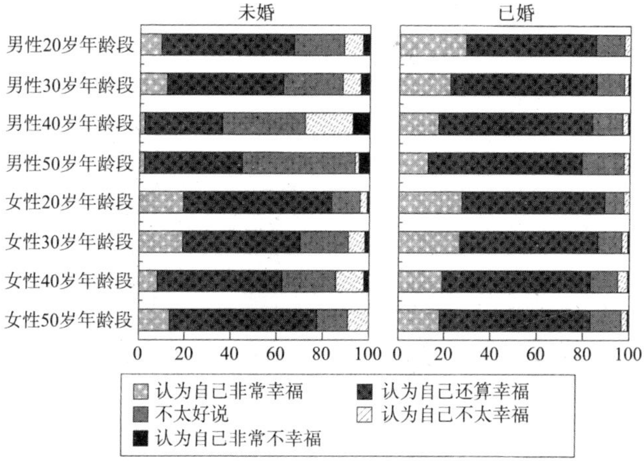


**图6-1　幸福度调查**

来源：2016年日本“单身男研究项目”调查结果

备注：调查对象为20—50岁的男性和女性（n=520）。

不仅是单身男性，单身女性也是一样，她们的“自我效能感”和“自我肯定感”基本上都保持在平衡水平上，但是已婚者的“自我效能感”和“自我肯定感”却是完全倒过来的（图6-2）。“自我效能感”是指在学习或工作等领域里，认为自己比别人优秀的自傲心理；“自我肯定感”是一种是否喜欢自己的观点，“自我肯定感”包含“自我效能感”。已婚男女的“自我效能感”虽然低，但是他们的“自我肯定感”高；单身男女虽然“自我效能感”高，但是他们的“自我肯定感”就没那么高了。或许可以说，是因为他们“没办法喜欢没有能力的自己”。尤其是单身男性，他们会觉得“明明这么努力了，却得不到认可”，

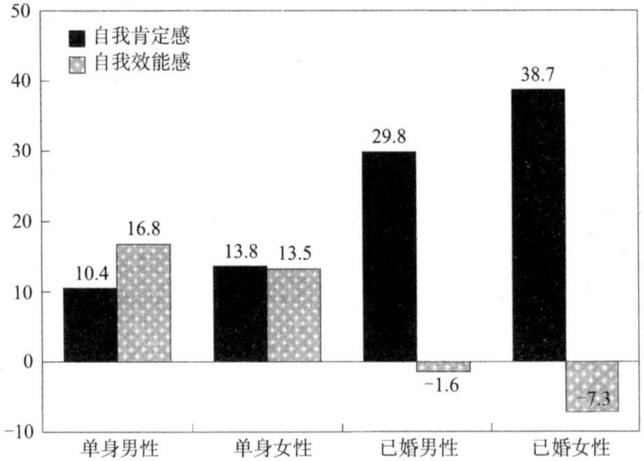


**图6-2 自我肯定感和自我效能感**

来源：2016年日本“单身男研究项目”调查结果

备注：调查对象为20—50岁的男性和女性（n=520）；图中表现了每个“有”和“没有”之间的差异，负数表示“没有”的回答很多。

这种因为得不到认可而自我感觉不满，或者是“这些事情还是没满足我”，对成就感要求高，都是造成他们“自我肯定感”略低于“自我效能感”的原因。也可以说，单身男女们严于律己，对自己高要求，也和未婚者的幸福感低相关。

那么反过来就会产生一个疑问，那就是已婚男女的幸福感是过于高了吗？所有年龄段的已婚男女，有80%的人都觉得自己幸福，当然这绝不是坏事。但是，他们认为“现在”的自己很幸福，假如经历离婚或者丧偶，他们又会回到单身状态，在那个时候他们就会和未婚者一样感到不幸福。不，相比于未婚者而言，他们有过幸福的时候，那么他们的不幸福感就会更强烈。关于将幸福的希望寄托在家人身上有什么风险，我将在后文进行阐述。

## 已婚者和单身者的“幸福仓库”不一样

上一章提到，单身男女通过消费来获得幸福感。但是，他们并不是花钱买幸福，而且幸福也不是花钱就能获得的东西。说到底，他们是通过消费来实现认同感和成就感，是追求精神价值的富足。每个人的认同感和成就感这种自我满足感，并不是能贴上价签摆在店里销售的东西。想要通过“情感消费”获得幸福感，就需要花钱去买“工具”，然后用这个“工具”主动地做些什么。除了金钱，他们还会为此付出时间。

我曾经对这一群体进行过面对面的采访，询问他们把时间和金钱花在什么地方。

有的人热衷于一些健美、格斗类的运动，或者是锻炼身体；有的人热衷于卡丁车比赛或者是摄影；有的人热衷于给自己喜欢的偶像应援，或者弄一些滑稽的Cosplay；还有一些人只去一些历史古城或者古战场旅游。他们的爱好各种各样，有的人只沉浸于一件事，有的人拥有各种各样的兴趣，涉猎广泛。因此，单身男女并非只有“御宅族”一种类型。

在采访刚开始的时候，因为是第一次见面，他们多少有点警戒心，所以都是小声说话，情绪都不是很高涨。但是，一旦话题聊到了他们的感情领域，他们的眼睛马上就有神了，说话声音也变大了。他们开始认真地看着我，热情地讲着他们感兴趣的东西，两眼放光，脸色红润，就像变了一个人似的能言善辩。

我自己对Cosplay不怎么了解，但是对日本的古城以及战国时代的古战场还是很了解的。在采访的人中，有一个男生说他对寻迹古战场很感兴趣，于是我们就聊了起来。在聊到关于大阪夏之阵中毛利胜勇的战斗路线时，聊天的气氛高涨起来。因为人们大多都会称赞真田幸村，但我们两个人都认为，在那场战斗中毛利胜勇才是最勇敢的。能在这一点上有相同的见解，我俩的距离一下子拉近了。甚至我们都认为，寻迹历史古城的时候，一定要自己一个人去。因为，如果有同行的人，就不能随意地多看几遍，也不能和当地人好好聊一聊。提到一个人旅行，很多人想象的都是一个人在路上一言不发地往前走，事实并非如此。正是因为一个人随意地走，所以才能不在意时间，和谁都能聊起来。

在采访中能够聊一聊自己感兴趣的东西，想必他们都会感到很幸福吧。有人听自己说话也会产生一种认同感。

提前说明一下，他们绝不是没有朋友。相反，他们能通过自己的兴趣结识和他们一样的人，能一起聊感兴趣的话题，尤其在摄影、插画、音乐等一些创造性领域，他们能结识更多同类型的人。这种不一定非要是语言的作品，才能将全世界的人联系起来。不论是哪国的语言，用一些翻译软件就勉强能和人交流，还有人可以通过网络和自己不认识却兴趣相投的人联系好几年。虽然现实生活中他们一次面也没见过，但是却不能说他们的关系冷淡。因为双方关系的好坏，并不是看通过什么联系方式联系，而是看能多频繁地长时间联系。虽然是远距离、国籍不一样，但是这些都没有关系。和志趣相投的人聊天，对他们而言才是幸福的瞬间。

那么，这种感觉是短暂的幸福，还是真正的幸福呢？

暂时满足欲望的幸福感是不是幸福？

这种问题可以说就是多管闲事。本来幸福就不存在绝对的定义标准，而且即便给幸福下个定义，那又有什么意义呢？幸福没有方程式，前往幸福的道路上也没有地图和指南针。重要的是，每个人自己是否觉得幸福，无论是刹那间的幸福，还是暂时的幸福，还是想得到更多的幸福，这都不是他人能够说三道四的问题，是自己个人的感受。

人们常说“有了家人，才能感受到真正的幸福”，这种说法就是主观断定“没有家庭的人，是不幸福的”，这才是粗鲁且傲慢的想法。每次和这种“结婚派”的人聊天，都感觉像两条平行线一样，永远不可能有相交的点。因此，我们可以得出一个结论，那就是，不想结婚的人，本来他们的“幸福仓库”就和已婚的人不一样。

诺贝尔经济学奖获得者、行为经济学家、心理学家丹尼尔·卡尼曼说：“幸福就是和自己爱的人、爱自己的人一起消磨时光。”卡尼曼所说的“自己爱的人、爱自己的人”并不仅限于恋人、家人或是孩子。和自己志趣相投或价值观一样的人，又或者是“想法一样的人”交流，自己就能感觉到幸福。甚至，“自己爱的人、爱自己的人”并不限于人，还可以是“和喜欢的东西、事情一起消磨时光”，等等，这些都是幸福的一种形式。

幸福的关键，并不在于你是否结婚、是否有孩子等，而是无论你处于什么样的状态都有不停追求幸福的行动力，以及无论多小的一件事，你都能感到幸福的能力。可以说幸福的关键是一种心态。从这个意义上说，那些抱着“想结婚但是结不了”的消极心态、不去主动追求幸福的未婚男们就更加不幸了。

## 单身社会并不是孤立社会

一提到单身社会马上就要到来，就肯定会有一些自以为是的人。很多人认为，单身社会就是孤立社会，单身的人不接触任何人，一个个孤单地生活。事实上，单身社会并不是孤立社会，独自生活也并不是像仙人一样隐居在山里。

但是，随着核心家庭的不断发展，城市中的地方自治团体确实越来越少，几乎都要“灭绝”了，这确实是事实。在现在的一些公租房中，很少的人能知道自己的邻居是谁。

曾经，孩子是一整块地区内“大家的孩子”。我的孩提时代是在昭和40年代（1965—1974），比《永远的三丁目的夕阳》中描述的年代再稍微晚一些。在那个年代，如果小朋友恶作剧，就会被邻居家可怕的爷爷连打带骂地训斥；如果小朋友一个人在街上闲逛，就会有奶奶来问你“怎么啦”；如果你的父母回家太晚，你还可以到邻居家吃晚饭。在那个时代，无论和自己有没有血缘关系，街上的孩子就是“大家的孩子”，大人们都会满含爱意地守护着孩子们的成长。这是在江户时代的大杂院中能够看到的景象，在以前的农村部落里也是一样的。

那么现在变成什么样了呢？电车中听到孩子的哭声，都会啧啧咂嘴，早上听到儿童俱乐部的晨练活动，就要“杀气腾腾”地跑去学校里抱怨。如果在街上和小朋友打招呼，就有可能被当作坏人抓起来。

在同一片区域内生活的人们，也不会产生任何的关系和亲密感，在彼此的眼里，都仅仅是“住在旁边的人”，就相当于不存在。电视新闻上也总是教孩子们，“即便是住在同一个小区里的人，也最好不要和不认识的人打招呼”，有的父母还将此定为小区的规则。可以说，除了家人谁也不要相信。但是，即便与自己家的人关系密切，但是与其他家的人或者是其他人毫无联系，那么，这不是将自己家从社会上孤立起来了吗？

即便从属于家庭这个群体，有时也会有孤立感。曾经有一项针对父亲们的调查，问父亲们：“生活中，哪里是你心灵的栖息地？”很多父亲的回答都是“厕所”“车里”“浴缸”（2015年博报堂“单身男性的课题”调查）。作为家里顶梁柱的父亲们，他们的心灵栖息地竟然是厕所或者浴缸，甚至到了在“车里”，而不是在“家里”的地步了，这是多么可悲的事。

除了在家里有孤立感，在职场中也可能会有被孤立的感觉。例如，有的人会遇到恶意忽视或者上司故意不给他安排任务的情况，受到这种职权骚扰的人，肯定会有一种难以忍受的孤立感。在职场中，单身者更容易被判定为缺乏协作能力和共情能力的人。这一现象不可否认。因为单身者们更喜欢一个人完成工作、一个人吃饭，所以他们会受到欺负和歧视。学校中发生的霸凌行为也是出于这个原因。

并不是从属于一个团体（家庭、职场或者学校等）就没有孤立感了，相反，正是在一个团体中才会产生孤立行为。比起物理上的单身，心理上的孤立感更值得我们关注。

物理状态的“单身”和精神层面的“孤立”，这二者之间是有很大差别的。有一个词能够很恰当地表达出这二者之间的差别，这个词是“单身充实”，简称“单充”。

## “单身充实”这类词语出现的原因

“单身充实”，简称“单充”，是年轻男女经常在SNS上使用的一个词，指能够享受一个人生活的人，表现的是一个人也能够活得充实的状态。很多人都觉得约朋友很麻烦，和别人在一起就需要注意别人的情绪，还要配合对方的节奏，这都是很累的事。“单充”就是指那些即使是一个人也能自由享受人生，取悦自己的人或者状态。

“单充”的前身我们都熟悉，就是“现充”，也就是“现实充实”，指现实生活中无须漫画、动画、游戏以及网络就能过得很充实的人。该词最早出自2005年的日本网络论坛2ch的大学生活板，后在推特上流行开来，这个词为大家所熟知是在2010年左右。

同类型的日语词汇还有一个叫“ぼっち”，意思是“一个

人”。这个词最早也是出自日本网络论坛2ch的大学生活板，因为有楼主说自己在大学没有朋友，是“ぼっち”。因为这个词指的是在学校（主要是大学）没有朋友的孤零零的学生，所以很快这个词就在大学生群体中流行开。

此外，和“ぼっち”表示同样意思的词还有“ひとり様”，是指一个人孤零零的样子。这个词的起源就很久远了，是在网络还没有广泛普及的1999年，听说最早是由新闻工作者岩下久美子说的，后来又被用作书名，之后又有以此命名的电视剧，由观月亚里莎主演。这个词一共引发了三次热潮。渐渐地，大众媒体的报道中也开始使用“ひとり様”甚至“单人卡拉OK”“单人烤肉”等这些词，而且这些词如今依然作为常规词语被使用。但是“ひとり様”一般是女性用语，男性不怎么用。

那么，“单充”这个词是从什么时候开始出现的呢?

对此我也没找到准确的起源说法，但是可以推测出来。其前身“现充”这个词传播开来是在2010年的时候，“单充”这个词首次出现在雅虎知识堂是在2012年的时候，所以可以推测出“单充”这个词是在2010—2012年间出现的，同时出现使用的还有“キョロ充”。“キョロ充”源自日语中表示心神不定、四处张望的形容词“キョロキョロ”。“キョロ充”本来是用于描述大学生们总是四处张望寻找朋友，但近年来很多人都在用这个词表达自己的状态。他们一般对生活充实的“现充”抱有憧憬，装成“现实充实”的样子，所以也被叫作“伪现充”。

也就是说，这几个词从早到晚的诞生顺序依次是："现充"—"ぼっち"—"单充"—"キョロ充"。本来，"单充""キョロ充"和"ぼっち"属于相同意思的词，就像是"ぼっち族"中的"单充科"和"ぼっち族"中的"キョロ充科"。为了和原本的"ぼっち"区别开，还把除了"单充"和"キョロ充"以外的状态，用"真ぼっち"来表示。但是，这个区分是客观上的，人们想表达的意思都因人而异。

最开始，"单充"这个词为什么会出现呢，有使用的必要吗？

这是因为不想说"ぼっち"。

无论是"ぼっち"，还是"单充"，作为一种客观表现出来的状态，表示一个人的时间多，一个人行动的时候比较多，在这两点上，这两个词是一样的。但是，"ぼっち"原本是用于自嘲没有朋友的词，里面还有"吐槽"的意义。因此，这个词给人的印象是下面这种。

"其实你是想交朋友的吧，是被迫选择一个人的吧。你很期待和大家打成一片，但是你做不到。你痛恨自己为什么是这种性格，为什么社交能力如此差。"

因此，有人就会产生误解，主观臆想这些人其实是想要交朋友的，于是就会产生霸凌的念头。

如今在学校的阶层中，有一种人气比较高的人，这种人会用居高临下的态度，到处多管闲事。你越是说"请别管我"，他们越是会多管闲事，且步步紧逼。如果你什么也不说，对他们熟视无睹，那么他们就会不断地做出更过分的事，直到你有所反应。你想逃离他们，于是跑去卫生间吃饭，他们就会故意跟进来捉弄你，甚至会在你的头上浇水。即便被老师发现了，他们也只会冷漠地说“我们在玩游戏呢”。

这些霸凌他人的人，或许最开始是真心想帮助别人，觉得“那位同学没有什么朋友，我想陪他一起玩”，但是后来就演变成霸凌。这才是最让人难受的地方。但是，如果被霸凌的人真心觉得“请别管我，我想一个人”，那么这些人的做法就是帮倒忙。如果他们把自己的内心想法表现在脸上，或者付出实际行动，那么这些“多管闲事”的人就会想着“那家伙怎么回事啊，我们明明好心想和他说话”，于是就会“黑化”，开始霸凌行为。

很多时候，人是容不下和自己不一样的人的。

虽然人们嘴上说“要接受多样性”，但悲哀的是，人们还是会排斥异己，人性的本质就是这样。对于和自己想法或行为不一样的人，人们就可以把他们当作异类，然后“让他们和自己一样”的伙伴意识就会不断得到巩固。因此，如果让异类就那样待着，人们会很难受。如果有共同的敌人，同伴之间就会更加团结，也是一样的道理。

这样一来，“ぼっち”就会被当作“共同的敌人”，于是他们走投无路，只能成为霸凌的牺牲品。

而那些霸凌的人觉得自己已经忍无可忍了。那么，“ぼっち”的什么特质让人如此难以忍受呢?“我确实是喜欢一个人待着，我想告诉他们别管我，而且我也确实这么说了。但是他们并不能理解”。

因此，要想保护自己，就需要让自己有一个“标签”，此时最合适的就是“单充”这个词了。

对方以为打着“你要和我成为朋友吗”的旗号，就能“名正言顺”地欺负你，那么，从一开始就必须表明“我不打算和谁成为朋友”。这就相当于表明自己是“单充”，也就是说，“我是主动选择一个人的，我觉得这样很幸福，你们无须在意我”。给自己贴上“单充”这个标签就是一个冠冕堂皇的理由了。

霸凌的人在一开始，还是会认为“实际上你很孤单吧”“你在逞强吧”，所以在刚开始的时候他们还是想霸凌你，但是当他们知道你是真正在享受“自己一个人的状态”时，就不能打着“想和你做朋友”的幌子去欺负你了。表明自己是“单充”还有这样的效果。

“单充”这个词最开始是被网络上一小部分群体使用。随着有相同烦恼的网友开始相互交流，或许大家都产生了共鸣。但如果社会大众不了解这种小部分人用的“标签”用语，那么当这些人表明自己是“单充”的时候，人们就会用一句话反驳道:“你这家伙在说什么?”

但是，有人把“单充”这个词一下子扩散到社会大众的耳朵里。这个人就是演员中川翔子。2014年6月29日，日本网站Oricon Style发布了一篇名为《翔子，越过悲惨结局，每天都很“单充”》的报道。这篇报道就用了“单充”这个词。

文章写道，中川下定决心表示“我也必须要强大起来”。走过低谷的中川一语道破真谛，她说：“最近，人们不说‘ぼっち’了，改说‘单充’了，感觉变强大了……我也要每天都‘单充’。”

当时，中川翔子的推特有40多万粉丝。这篇报道发布后，“单充”这个词开始被大范围传播，作为小部分年轻人的网络用语，首先被媒体圈的人们了解并使用。这样一来，普通的大爷大妈们也都接触到这个词了，也就这样逐渐被全社会所了解。如今，“单充”这个词偶尔还会被用作自嘲，但已经作为一个积极的词汇被大众所接受了。

“ぼっち”和“单充”，虽然都是表示一个人的状态，但是内心状态却完全不同。前者是被动的状态，后者则是主动的选择，二者有很大的差别。“单充”不是孤立，而是自立。

所以，单身人口占比达到一半的“单身社会”，并不是充满孤独的“ぼっち”社会，也不是由一个个无法融入集体、一直抱着孤立心态生活的人组成的社会。希望这个社会能够理解，“单身社会”是由一些主动、积极地选择单独生活的人构成的社会。

顺便说一下，最近有一些人把“单充”当作是“现充”的

“变种”。这种观点认为，“单充”不是“ぼっち”的充实版，而是“现充”的单身版。同样，本来是消极意思的“ぼっち”，即便是一种自嘲心态，但还是会在SNS上被频繁使用，所以逐渐就被赋予了积极的含义。如果一个人能够用“ぼっち”来自嘲开玩笑，那么说明这个人的精神是十分强大的，可以说就是“单充”。

## 独自生活的能力是必备能力

书中多次提到了“独自生活的能力”这个词。因为这个词经常会招来误解，在这里我想详细说明一下。

独自生活，并不是说在深山老林或者无人岛上一个人艰苦生存，也不是说就完全和他人断绝联系，整天闭门不出，强忍着孤独。独自生活，并不是要脱离所属团体，与任何人都毫无瓜葛，任性地活着，它也不是站在人类亲密性特质的对立面，完全否定亲密关系，脱离人群的生活方式。

人不可能只靠自己活下去。在每天的生活当中，我们必须依靠各种文明秩序、环境等。我亲身经历过东日本大地震，电话不能用，电车不通，电梯不能用，便利店里没有任何商品。这些平时看起来毫不起眼的东西，当有一天都无法使用的时候，我才第一次意识到这些东西存在的可贵。

“独自生活的能力”就意味着“精神自立”。“自立”并不是说就不依赖任何东西，而是说被很多靠得住的人或物包围着，你可以自己主动地选择哪些人或物，能够自我抉择的人才是真正的“精神自立”。

对于那些只有一个选项，或者只能选择一个地方的人来说，他们就不得不紧紧依赖这一个选项，这就像小孩子只能依赖父母一样。我们每个人在小时候，都会担心“如果现在父母去世了，我自己根本活不下去（无论是从经济层面上还是心理层面上来说）”。

同样，恋爱依赖症也是一样的道理。一直以来都有强烈孤独感的人，一旦遇到一个爱自己的人，就会极度依赖对方，心想“我只有他了”。这种情况在一开始可能双方都会觉得很幸福，但是如果一方逐渐焦虑，每天担心“如果我失去这个人该怎么办”，久而久之就会给另一半造成极大的困扰，最终发展到相互折磨的地步。

这一道理同样适用于职场或工作。认真工作然后领取薪水，可以说是一种经济上的自立，但这同样也是一种在经济上依赖公司的状态。因为，一旦公司倒闭了，或者自己被解雇了，那么“经济自立”就会瞬间崩塌。

但是对于那些有能力和技术的人来说，即便公司倒闭了，他们还能去别的公司，或者自己创业。这种人持有好几个可以依赖的选项，因为他们并不是只依赖于公司。不，准确地说，即使他们依赖公司，但也并不是100%的依赖。这就是“不要把鸡蛋放在一个篮子里”的道理。

此外，这种过度依赖的心理也是因为之前一直处在团体中。

例如，日本有很多昭和年代的企业战士，他们一心扑在工作上，完全顾不上家里，而且不仅仅是日本经济高速增长的时期有这种人，现代社会还有这种人。这些人常常一到了退休，就像丢了魂一样，这就是只依赖工作或是职场而导致的悲剧。在工作的几十年里，越是有成就感的人，内心的落差就越大。有的人是习惯和依赖了上班本身这件事，所以退休后什么也不做，反而有了压力。

有人说，既然觉得上班好，那随便找个工作继续干着不就好了吗？但是，工作并不是什么都行。尤其是那些做过管理者的老年人，对于他们而言，随便找个工作更难。要知道，世上并不是只有“部长”和“课长”这种职位。但是当这些曾经做过管理者的老年人去面试的时候，还是会厚着脸皮、脱口而出这样的话：“如果是部长的话，我可以干。”

他们这群人适应了日本的公司制度，而且越是职位高的人，越会坚信职位才是无敌的。所以，对他们而言，除了站得比别人高之外，别无选择。这也是对过去职位的过度依赖。

此外，对那些在自己专业领域里工作，对自己的业务和技能很有自信的人来说，他们在退休后也很难找到合适的工作。如果能幸运地找到一份自己熟悉的工作还好，如果用不到退休前的那些技能和知识，那么他们自己本身也就没有动机和意愿了。

有“独自生活的能力”的人，他们从工作的时候就开始拓展职场外的团体关系了。无论是出于相同的爱好而认识的人，还是一起运动时认识的人，总之他们就是愿意和他人建立联系。我们来对比一下单身男性和已婚男性的朋友分布和构成，就能很清楚地看出二者之间的差别。从图6-3可以看到，已婚男性在职场上认识的朋友最多，占比40.5%，而在职场外或者和工作无关的外部团体中认识的朋友只占26.2%。而单身男性则相反，比起职场，他们在外部团体中认识的朋友更多，占比32.3%。这说明已婚男性的社交圈已经被限定在职场和工作相

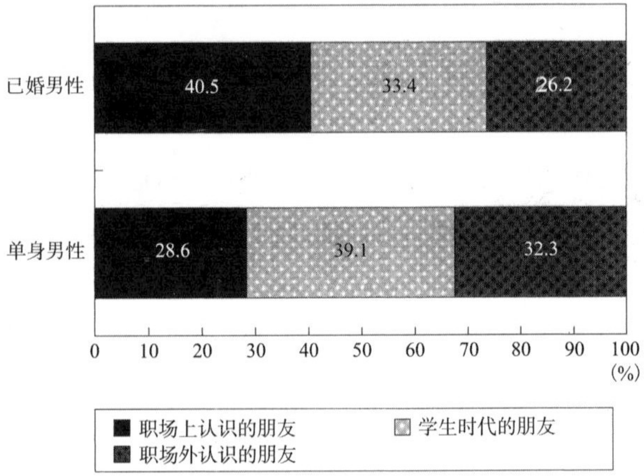


**图6-3　朋友分布情况**

来源：2016年日本“单身男研究项目”调查结果

备注：调查对象为20—50岁的男性和女性（n=520）。

关的范围内了。

无论是工作还是兴趣，如果人们得不到相应的社会报酬，是没法生活下去的。所谓的社会报酬并不是指与劳动等价的金钱报酬，而是指来自他人的认可、信任和尊敬，是一种人际关系中的成就感。如果只是在工作中得到社会报酬，那么一旦辞职了，这种社会报酬就没有了。虽说还有那些职场上认识的人，但是一旦不在同一个团体，关系马上就淡薄了。因为对于职场中的人们而言，他们与同事的关系，与其说是单纯的人类朋友关系，倒不如说是在公司这个“村子”里，被伙伴意识连接在一起的人们。一旦离开这个“村子”，伙伴也就不复存在了。

肯定有人会误解，认为随便找一个兴趣，问题就解决了，然而并非如此。当然，兴趣很重要，但对于老年人来说，重新找一个兴趣不是那么简单的事。本来兴趣就不是一个说找就能找到的东西，也不是出于义务去做的事情。

重要的不是去找一个兴趣。虽然通过发展兴趣能够得到认同感和成就感这种短暂的幸福，但是比这个更重要的是保持人与人之间的联系。当然，能够找到一些类似于收集东西、制作模型的兴趣，然后一个人去完成也是很有意义的事，但是我们更应该去加入那些能够与人产生联系、且能够表达自我的场所和组织。兴趣只不过是一个手段，通过兴趣可以与他人产生联系才是独自生活的能力的力量源泉。

## 独自生活的前提是与他人建立起联系

难道与他人建立联系的能力就是独自生活的能力吗？或许你认为这是一个前后矛盾的理论。英国儿童心理学家、精神分析学家唐纳德·温尼科特曾提出一种能力，叫作“独处的能力（Capacity to be Alone）”。

在精神分析领域中，至今仍有很多医生认为，一个人独自待着就是“长期闭门不出”的状态或者是“自杀的前兆”，基本上都是从否定的一面来评判“独处”这个事情。温尼科特在1958年首次从肯定的角度来关注“独处”这件事。

他认为，要想获得“独处的能力”，就必须从幼儿时期开始，在和母亲共处的同时也有自己独处的经历。想必很多人很难理解这句话，简言之就是，母亲在附近观望，孩子坚信一旦有危险母亲会来帮助自己，所以孩子才能一个人安心玩耍。当然，刚出生不久的孩子是感受不到这一点的。当孩子哭了，母亲会给喂奶或者换尿布，一切生活都需要母亲的帮助，长此以往，母亲和孩子之间就建立起了一种信赖关系。这样一来，即便母亲不在自己的眼前，孩子也会很安心，不会担心自己被抛弃。当孩子稍微长大一些的时候，即便母亲不在孩子的身边，孩子也能自己玩耍，这样一来，在孩子的心中就有了自立的心理状态。即便他们确实是自己一个人，只要在心理上和周围的人有羁绊，他们就不会有孤立感。

也就是说，“能够独处”就是一种能够感觉到“有人陪在身边”的状态。例如，年轻夫妇睡在同一个房间，但是两个人却各玩各的手机，但是他们还是互相感觉很好，这也是一样的道理。“有人陪在身边”并不一定是现实生活中的陪伴，在心里特别珍视对方也是一种陪伴。

如果你自己一个人待着不会让你感到不安，那么之后的生活中，即便你是物理上的“孤身一人”，但你的心理上也不会有孤立感。也就是说，你就拥有了“独自生活的能力”。反过来，如果一个人总是觉得“谁都不在身边”，那么就没办法自己生活。

重复一下，“独自生活的能力”并不是指能够忍受独自一人的忍耐能力。要获得“独自生活的能力”，前提就是要与人建立联系。如果一个人在心理上没有与任何人建立连接，那么这个人即便长大成人，也依旧还是像孩子一样。他们只依靠眼前看得见摸得着的真实的人，一旦现实生活中只剩下一个人的时候，他们就会觉得自己被全世界抛弃了。

未婚者也分两种。一种是有“不结婚”的想法或心理准备的单身男女，一种是感叹“好想结婚但结不了”的未婚者。

前者并不是说就完全否定结婚这件事，而是看是否有合适的时机或者是否能遇到合适的人，他们也有可能会结婚。有一些单身男性已经隐婚了，这就足以说明这一点。因为，对于他们而言，结婚既不是目的也不是目标，而是一种获得认同感或成就感的手段。

但是后者却不这么想。他们往往对结婚抱有很强的目的性，反而把自己弄得束手束脚，逐渐走向一个自己无法选择的境地。他们的生活之所以会变成悲剧，是因为他们认为结婚就能够找到幸福，所以一旦自己没有达到这个状态就很容易消极和悲观。仅仅因为没有结婚对象，他们就能有一种巨大的“自我否定感”和“挫败感”。这是因为过度依赖“结婚”这件事，从而让自己产生了“就是想结婚”的执念，一旦达不到，他们就会认为被全世界孤立了。

依赖方只有一个，备选项只有一个，就意味着自己毫无决定权。很多心理学的实验结果表明，如果没有自我决定权，人就会陷入一种深深的无力感，从而什么也做不好。也就是说，依赖型的人就是经常处于被动的状态，他们连自己决定的权利都没有，而自立型的人，无论是多小的事情，他们都能根据自己的意愿主动地作出选择。若是将这一问题与前文中的“单充”话题联系起来的话，那么就可以说，被动的“ぼっち”是属于依赖型的人，而主动的“单充”则是属于自立型的人。

我们与他人的连接是独自生活的前提。之所以这么说，是因为如果我们与他人建立起联系，那么我们就会减轻对一个人或者物的过度依赖，反而能够自主地选择依靠某人或某物，这样我们就能够发挥自己的独立性。

## 要想独自生活，必须要爱自己

此外，还有一个“独自生活的能力”，那就是“爱自己的能力”。德国社会心理学家埃里希·弗洛姆在其所著《爱的艺术》一书中写道：“要首先学会独处，才能更好地爱人。”也就是说，在谈论爱之前，先学会站立，然后再谈爱。依靠他人，或者是让他人依靠，这都不是爱。比起对孩子的爱、夫妇之间的爱、男女之间的爱，更重要的是要先学会爱自己。

爱本来就是一种自立的、主动的行为，但是人们逐渐把爱歌颂成一种只能是对他人倾注的感情，例如爱家人和孩子、爱护环境和地球。很多时候一说到“要爱自己”，就会立刻受到指责。

我在出版拙著《不结婚的男人》时，做过几次公开演讲。演讲时经常有人问我：“终身未婚的单身男，是那种只会爱自己，对自己极度好的男人吗？”我想，他们问这个问题的目的就是确认“不结婚、自私的男人是不是自恋者”。对于这个问题，我的回答既不是“Yes”也不是“No”。单身男有没有结婚的意愿，并不是由他们爱不爱自己来决定的。

难道，爱就应该给他人，就不能自己爱自己吗？

这种逻辑恰恰弄反了，因为“只有能爱自己的人，才能更好地爱他人”。我认为，至少从精神自立的角度来说，是这样的。

前文中提到过，未婚男女的幸福感和自我肯定感都相对较低，尤其是那些想结婚却结不了的男女，他们往往不会爱自己，反而会讨厌自己。他们的口头禅就是：“反正我这种人……”他们的共同点是，深信自己没有自我肯定感是因为没有人爱自己。

但是，明明想要被人爱，而一旦被爱就会开始胡思乱想，因为他们觉得自己这种人怎么会有人来爱呢。这样一来，他们想被爱的渴望就永远得不到满足，就像饿狼一样，久而久之就会陷入自我嫌弃的恶性循环之中。他们常常说“想被爱，想被认可，想被理解”，可见他们的愿望永远都是一种被动的依赖。他们不知道爱是一种能力，一种能动性的概念。

抱有这种想法的人，很容易对另一半“有求必应”。因为，他们认为，要想得到爱，就需要先为对方付出对等的东西，在他们眼里，这和劳动得到报酬是一样的。所以，很多时候他们会因为想要得到更多回报，反而自己不停地付出，最后自我毁灭。

他们对周围的人察言观色，为了迎合周围的人而抑制自己的想法，表面上看起来总是笑眯眯的。因为他们陷入一种自我强迫式的思维怪圈，他们觉得如果被别人讨厌了，就不会被爱了。这才是缺乏“独自生活的能力”，所以说在集体中更容易有孤立感，就是这个原因。

我不敢完全肯定地说，所有不想结婚的单身男女都具备“独自生活的能力”，但是毫无疑问，那些过度依赖结婚的“被动终身未婚者们”确实没有这种能力。对于这些人而言，社会应该帮助他们“通过精神上的自立学会如何爱自己”。那些免费的相亲活动完全没有效果，就是因为没有看到问题的本质。并不是结婚就能解决一切问题。这么想的人自结婚以来一直极度依赖另一半，而日本夫妇大部分都是这样的。这是因为明治时期的结婚制度以及战后日本的“全民皆婚”时代，让大家看不清结婚的本质。反而江户时代的日本人，尤其是市民和农民具备很强的“独自生活的能力”。

我在谷歌搜索“爱自己”，结果发现有1500万条信息。可见这个问题的关注度是十分高的，同时也说明有很多人都不知道怎样爱自己。网上能搜索到很多关于“爱自己的方法”的专栏和消息，还有一些教人们应该怎样去做的自我启发演讲会或冥想体验教室。本书不是教大家如何爱自己的书，所以关于这个方法不作过多介绍。但是我个人认为，对于我们而言，重要的不是学会方法，而是知道“什么才是真正的爱自己”。

我完全没有否定网上那些教我们爱自己的指南，但我想说的是，“方法”只不过是手段，是一种技巧，它不是目的。因为日本人总是热衷于学习做某事的“方法”。要知道，无论学会多少“方法”都没有意义。很多人掌握了许多相亲的“方法”，但是到最后发现自己都忘了“最初是为什么要相亲”。因此，爱别人的先决条件是，要知道自己才是首先应该被爱的对象。

## “真正的自己”在哪里?

“自己”到底是指什么呢?

这里并不打算讨论哲学问题。在第五章中我们讲到，消费正逐渐从“物质消费”向“体验消费”转变，并逐步发展为“情感消费”。也就是说，消费从看重物质价值，到看重体验价值，现在正在进入追求精神价值的时代。我们从为了表达自己而消费，发展到为了交流而消费，再到现在为了自己内心的充实而消费。消费行为的变迁是受社会变迁的影响，我们的社会从“大家都一样”的社会，发展到后来的“个性化、差别化”社会，再到现在正在进入一个“多样性”的社会。

所谓“多样性社会”，简单来说就是“每个人都相互尊重彼此的价值观，是一个相互包容的社会”。事实上，重要的不是每个人的多样性，而是要注意到一个人身上的多样性。

曾经有一段时间，日本年轻人当中掀起了一股“寻找自我”的热潮。有一些年轻人说“要去印度开启寻找自我之旅”，这种行为确实会让人产生一种违和感，“明明祖先也不是印度人，为什么要去那么远的地方寻找自我呢”。但是当事人却激动地说："我去啦！我感觉终于找到真正的自己了！"于是我就想追问到底："那么，你去找寻的自己到底是谁呢？"

"真正的自己"到底是什么意思呢？

有人说，我们每个人都有一个核心的东西，或者说是本质的东西，这就是"真正的自己"；而且"真正的自己"是能够找得到的，寻找自我的过程也是成长的过程。应该不少人都这么想。

也有人说，"真正的自己"不是努力就可以找得到的；事实上大家都知道"真正的自己"，当下的你、本真的你就是"真正的你"，所以没有必要刻意去找。

无论是哪种说法，其结论都是"真正的自己"是存在的，那就是个人。

地球上有几十亿人，在这几十亿人当中，我们每个人都是唯一的存在，都有着独特的个性。歌曲《世界上唯一的花》就是在说这个意思，这首歌也让大家产生了共鸣。

但是，真的是这样吗？"真正的自己"就是唯一的、最真实的自己吗？

如果有"真正的自己"，那就应该有"虚假的自己"。那么，"虚假的自己"又是怎样的呢？

不仅仅是年轻人，我们每个人都处在学校或职场等集体环境中，都要根据具体的场合"扮演"最合适的人物，也就是所谓的"角色"。近些年，很多年轻人都具有多种"角色"。那么，这个“角色”就是“虚假的自己”吗？

在工作中，有时面对刁钻无理的客户，我们必须微笑应对，有时还会碰到一些没有道德的人。这种时候我们即便已经怒不可遏，但还是会强颜欢笑，这就是日本的商务人士。那么，这就不算“真正的自己”，而是“戴上工作面具”的自己吗？

无论是“角色”还是“面具”，都不是“真正的自己”，都是我们勉强扮演的“虚假的自己”，所以现代人的压力就很大。这种说法看似很有道理，其实不然。

因为本来就不存在完全表里如一的“真正的自己”，相反，根据具体情况和环境戴上相应的“面具”的“虚假的自己”也是真的自己。无论是在自己房间里放松的自己还是在老板办公室“点头哈腰”的自己，都是“真实的自己”。

作家平野启一郎曾说：“一个人有很多面，是由几个‘分人’组成的。所有的‘分人’都是‘真实的自己’，人的个性就是由其所拥有的‘分人’的构成比决定的。”平野启一郎用他作家独有的风格解释道，“分人”这个词就是把英语中表达个人的单词“individual”的否定前缀“in”去掉，就成了“dividual”，是“可分”之意。

事实上，之前就有很多社会学家提出了类似的观点。即使不是学者，或许每个人都能模模糊糊地表述出这个观点。如果我们仔细思考就会发现确实如此，人在社会中生存是不可能不和他人发生关联的。如果我们和他人之间的关系发生变化，那我们自己就不得不主动作出相应调整，这是不言自明的道理。不得不说文字的力量是伟大的，尤其是作家语言。当我第一次听到平野启一郎提出的“分人”概念时，之前在我脑子里模模糊糊的概念好像突然一下子就清晰明了了。

仔细想来，在大量生产、大量消费时代，人们是“十人一面”，大家买的东西都一样，看的电视也一样，家庭模式也一样。到了表达自我和重视个性的年代，大家又变成了“十人十面”，如今又发展到了“一人十面”。与其说人们“变成”了现在这样，倒不如说原本就是这样，只不过到现在才意识到。

多样化的时代并不意味着整个社会都是价值观不一样的人，而是认可和包容多样性的时代 。

为什么说这一点如此重要呢？前文中讲到，如果只有一个东西可依赖，就意味着我们毫无选择。“一人十面”就是说我们真正的自己是有十个“分人”。这样一来，我们可以依赖的对象就增加到十倍。也就是说，即便是为了独自生活，找到自己的“分人”也是很重要的。我们要坚信，“真实的自己”并不是只有一种人格。与其去印度找寻真实的自己，不如去接受日常生活中各种各样的自己，我们要愉快地承认这些都是真实的自己。当然并不是说让自己很愉快地接受所有状态下的自己。自己是否愉快这个选择标准也能帮助我们找到爱自己的方式。

例如，和A在一起时候的自己，和B在一起时候的自己，这两个处于不同环境下的完全不同的自己，你觉得哪个自己更开心呢？如果比起和A在一起时候的自己，你更喜欢和B在一起时候的自己，那么你只要提高和B在一起的自己的构成比就可以。在构成自己的“分人”中，感到快乐的“分人”比例越高，你自己就越快乐。这样一来，你就会越来越喜欢自己，认可自己。

去读自我启发类的书，去体验冥想教室，去让瀑布冲刷自己等，这些事情我们都可以去尝试，不要否定这些事。如果做这些事，能让你与自己对话，能重新审视自己，从而认可和接纳自己，那么这就是再好不过的方法了。当然，也并没有那么简单。

因为，这些事情都是面对自己内心的练习，如果你想要自己独自生活，比起与自己内心对话，还是走出去接触外面的世界更有效。走出去，邂逅他人，与他人聊天，在与他人打交道的过程中就可能发掘出很多个自己的“分人”。当然，并不是所有你遇到的人都是对你有积极影响的人，但那也是一种结果。我们不需要在相遇的那一刻就对人作出判断。在相处的过程中，当我们发现对方是对我们有消极影响的人，马上和他断绝来往即可。这也是主动选择关系的一种行为。

随着这些行为的不断重复，我们就能够体验到对自己的认同感和成就感。这个体验毕竟是和自己社会价值的体现联系在一起的，这样一来我们也就学会了如何爱自己。

还有一点需要注意的是，在与人相识、相交的过程中，不要想着能从对方身上得到什么。如果抱着期待与对方相处，那么这就不是真正的相识、相交，而是把自己臆想的形象套在对方身上。

越是不爱自己的人，越是对自己严格，因为对自己严格，也就会对他人严格。他们会觉得“自己做了这么多”“自己完成了相应的义务”，也就想要求对方尽好相应的义务。爱自己就是要接纳自己，同时也要宽容他人，不能以是否履行了义务来判断他人。

不过，宽容有时会演变成“随你的便”的放任态度。虽然嘴上说要承认多样性，但我们很难坦率地承认和我们不一致的价值观。过于宽容，甚至不认真说话，直接说“这不是挺好的吗”，进而发展成不干涉或无视对方存在的态度。即使能爱自己，如果对他人放任不管，最终也会导致自己心理上的孤立。

拥有“独自生活的能力”就是，即便在物理上是孤身一人的状态，但在心理上也能毫无孤立感地生活。因此，我们必须要脱离对一个东西或一个人的过度依赖，要主动去接触他人，与社会建立起联系。也就是说，“独自生活的能力”是在职场、家庭、地区甚至各种团体中建立关系的必要能力。

与各种团体之间的关系，因为其多样性，也就意味着这种关系不像家庭或职场关系那么紧密和稳定。社会学家齐格蒙特·鲍曼对未来持一种消极观点，他曾说：“之前那种令人感到安心、安全、安定的固态共同体正在溶解。”

鲍曼认为，在“液态社会”①中，即使是个人与个人之间的交往，也要根据你面对的人来改变自己，要像一条变色龙一样，因为构建起坚固的同一性是非常难的。但是，我反而觉得“液态化”是一个好的趋势。

如果人们紧紧拥护着唯一的一种同一性，就相当于把自己束缚住了，路会越走越窄，最终将自己逼入绝境，连唯一的“自己”都丢失了。因此，我认为我们要不断意识到不同的“分人”，不断开发各种新的关系。

如今，共同体早已不是人们唯一的归属地和“靠山”了，已经变成了一个选项，并逐渐多样化和细分化。是不是真正意义上的共同体，这一点已经不那么重要了。也就是说，进入某个共同体不是我们生活的目的，而成了一种手段。我们通过在共同体中感受到自己与他人之间的联系，认可自己的社会价值，同时还能不断发现新的“真实的自己”。这样一来，我们就能够让自己有更多的多样性，从而学会爱自己，甚至包容他人。从这个意义上来说，共同体并不是溶解了，而是其存在意义和解释不一样了。

未来，不仅仅只有未婚生活者、单独生活者这种物理上的

---

①源于齐格蒙特·鲍曼提出的“流动的现代性”（Liquid Modernity）理念。他以“液态的流动性”比喻现代社会的个人处境。鲍曼认为，在液态现代社会，不再有永恒的关系、纽带，人际间互有牵连，但不再注重紧密连接，可以随时松绑。

独自生活者增多，很多心理上的独自生活者也会增多。因此，无论是丈夫、妻子，还是父母、孩子，我们每个人都必须掌握“独自生活的能力”，培养精神上的自立，这一点是相当重要的。

## 技术奇点与单身社会

想必大家都听过“技术奇点”这个词吧。

技术奇点，出自奇点理论，是根据技术发展史总结出的观点。该观点认为人类正在接近一个使得现有技术被完全抛弃或者人类文明被完全颠覆的事件点，在这个事件点以后的事件就像黑洞事件的视界一样完全无法预测。该理论是由美国发明家、人工智能领域权威学者雷蒙德·库茨魏尔提出的。他预测的奇点来临的时间是2045年。

2016年3月，由Google DeepMind开发的人工智能围棋软件“阿尔法围棋”（AlphaGo）最终以4：1战胜了世界冠军韩国职业棋士李世石九段。这一事件在网络上引起轩然大波，至今我还记忆犹新，不禁感慨人工智能简直无所不能。

很多人认为人工智能超越人类是一件不好的事，理由有“人脑完全被数字化进入人工智能里了”和“人工智能会让大部分人都失业”等。电影《终结者》讲的就是高度发展的人工智能“天网”想要毁灭人类的故事，还有在电影《黑客帝国》虚构的未来世界中，人工智能把人类作为发电装置来使用。这些电影中的故事，总会让我们觉得高度发展的人工智能对我们人类来说是敌人，所以我们会对未来人工智能社会抱有消极看法。

我们先不说人工智能和技术奇点的好与坏，事实上，这种科技的高度发展也会影响到单身社会的发展。

首先就会对如今的婚配问题有帮助。

如今网上有很多提供相亲的服务，在相亲中最重要的就是个人简历。年龄、收入这些数字化的东西尚且不论，就连性格等都有严格的匹配条件。但是人毕竟不可能时时都很真实，尤其是在这种场合，为了给对方留下一个好印象，可能就会隐藏自己的真实性格，甚至会完全说反话。在这种虚假条件下匹配上的两个人，没过多久就会露馅儿，反而浪费彼此的时间。此外，男性在选择另一半的时候，往往会只看照片，通过照片来判断喜不喜欢，但是如今连照片都可能造假。

这种时候，如果每个人身边都有一个一直陪在身边的人工智能会怎样呢？人工智能会把每个人平时的言行举止都记录下来，基于这些会推算出你的性格和价值观倾向，这样一来，每个人都能从这个庞大的数据库里找到最适合自己的人。这种取样方式并不是回答问题，而是基于本人平时的言行举止来判断，可以说是一种“行动挖掘”，因此这种方式是不会撒谎的，甚至还有可能挖掘出本人都不知道的潜在意识。总之，通过人工智能去挑选和自己性格契合的人，这一点是相当合理的。我们就无须一项一项地列出自己期望的条件。

如果再脑洞大开点，甚至可以将A的人工智能和B的人工智能分别作为相亲双方的代理人，基于彼此的数据在网上开一个线上会议。虽说是代理人，但是他们的人工智能对主人都十分了解，所以两个人工智能的线上会议就和双方首次见面没有什么太大差别，也可以称之为“人工智能间的相亲”。

万一双方都没有看对眼，两个人工智能直接分开就好，人类也不会体会到失恋的痛苦。如果根据大数据找到了最合适的那个人，之后再约现实生活中见面即可。

如果人工智能能为我们做到如此完善的准备工作，那么人们嘴上说的“想结婚”或者“不想结婚”这些表面的愿望也就没有什么意义了，也不会发生双方三观不合的情况，因此，假如双方匹配上了，也就没有拒绝的理由了，就会认真思考两个人是不是适合结婚。这样一来，结婚率肯定会有一定的提升。

这一想法不仅适用于男女相亲这件事上，还能用在交朋友甚至找工作上。一直陪伴着自己，和自己一起成长的人工智能，还能给自己带来充满希望的未来，这是多有意思的事情啊。

除了对婚配问题有帮助，人工智能还可以照顾人的心理。

前文中已经讲过，单身社会问题中，还有一个是老龄单身女性问题，尤其是独自生活的老年人的心理问题，很值得我们关注。他们没有可以说话的人，长期这样下去，就有可能引发精神疾病。当然也可以养宠物来陪伴自己，但是老年人光照顾

## 家庭和单身社会并不是对立的

在不久的将来，即便日本进入了单身社会，家庭这一模式也不会崩塌。因为家庭和单身社会本来就不是对立的两面。

当然，接下来日本的未婚化和非婚化程度肯定还会加剧，单身家庭也会增多。为了顺应这一趋势，企业就要去开发一些适合单身生活者的商品和服务，让他们在消费的时候不会因为是一个人而感到尴尬。不管是做饭，还是做家务，单身生活者的日常生活将不再有任何的不便之处。

对于女性而言，曾经，结婚对她们来说是获得经济基础的唯一选择，如今她们开始工作，完全实现了经济独立，将就的婚姻也就没有任何意义了。当女性失去结婚的意愿，对于在结婚这件事上处于被动地位的男性而言，他们就逐渐失去可以结婚的机会。

人工智能和科技的进步，让原本只能通过现实生活中的结合才能满足的生理需求，通过VR或外部工具就可以得到满足。当然，结婚的好处绝不只有满足生理需求这么一个，从前文的调查结果可以看出，男女双方都认为结婚的好处是“能够得到心灵上的安定”。这一需求甚至也能通过人工智能来满足。

随着社会的发展，男女双方越来越觉得没有必要在现实生